Blockchain in Einkauf und Supply Chain

Elmar Holschbach · Eugen Buss

Blockchain in Einkauf und Supply Chain

Technologie, Anwendungen und Potentiale in der Praxis

 Springer Gabler

Elmar Holschbach
Fachhochschule Südwestfalen
Meschede, Deutschland

Eugen Buss
Fachhochschule Südwestfalen
Meschede, Deutschland

ISBN 978-3-658-36966-8   ISBN 978-3-658-36967-5 (eBook)
https://doi.org/10.1007/978-3-658-36967-5

Die Deutsche Nationalbibliothek verzeichnet diese Publikation in der Deutschen Nationalbibliografie; detaillierte bibliografische Daten sind im Internet über http://dnb.d-nb.de abrufbar.

Springer Gabler

Lektorat/Planung: Susanne Kramer
Springer Gabler ist ein Imprint der eingetragenen Gesellschaft Springer Fachmedien Wiesbaden GmbH und ist ein Teil von Springer Nature.
Die Anschrift der Gesellschaft ist: Abraham-Lincoln-Str. 46, 65189 Wiesbaden, Germany

Inhaltsverzeichnis

Abkürzungsverzeichnis

B2C	Business-to-Customer
BaaS	Blockchain-as-a-Service
BC	Blockchain
BFT	Byzantine Fault Tolerance
BMW	Bayerische Motoren Werke
Bsp.	Beispiel
Bspw.	Beispielsweise
C2C	Customer-to-Customer
CSR	Customer Social Responsibility
DLT	Distributed Ledger Technology
DSGVO	Datenschutzgrundverordnung
ERP	Enterprise Ressource Planning
GPS	Global Positioning System
HP	Hewlett Packard Incorporated
IBM	International Business Machines Corporation
IoT	Internet of Things
KI	Künstliche Intelligenz
KO-Kriterien	Knock-out-Kriterien
NFC	Near Field Communication
OEM	Original Equipment Manufacturer
P2P	Peer to Peer
PBFT	Practical Byzantine Fault Tolerance
PIL	Pacific International Lines Limited (singarpurische Reederei)
PoA	Proof-of-Authority
PoS	Proof-of-Stake

PoW	Proof-of-Work
QR-Code	Quick-Response Code
RFID	Radio Frequency Identification
SaaS	Software-as-a-Service
SC	Supply-Chain
SCM	Supply-Chain-Management
UN	Unternehmen

Abbildungsverzeichnis

Tabellenverzeichnis

Einleitung

Spätestens seitdem die Kursausschläge des Bitcoin Thema in der Tagespresse sind, ist die Blockchain-Technologie in aller Munde. Veröffentlichungen wie der *Hype Cycle for Emerging Technologies*, der jährlich vom amerikanisschen Marktforschungs- und Beratungsunternehmen Gartner herausgegeben wird, verstärken das Interesse an dieser noch relativ jungen Technologie. Erstmals wurde die Blockchain-Technologie im Jahr 2016 von Gartner in den Hype Cycle aufgenommen und in die Phase, *Gipfel überzogener Erwartungen*, eingeordnet. Beim Hype-Zyklus von Gartner handelt es sich um ein Modell, das Technologien anhand eines Verlaufs an Erwartungen einordnet (Gartner Research, 2021). Auch im spezifischen Hype-Cycle für das Supply Chain Management (kurz: SCM) des Jahres 2020 befindet sich die Blockchain (kurz: BC) in der zweiten Phase (Hippold, 2020, o. S).

Diese großen und teilweise sicherlich überzogenen Erwartungen an die Blockchain-Technologie sind auf die vielfältigen, grundsätzlich vorhandenen Potentiale zurückzuführen, die diese Technologie für den Einkauf und das Supply Chain Management bietet. Der Einsatz der BC-Technologie ist für Unternehmen jedoch mit Herausforderungen verbunden. Diese liegen unter anderem auch darin, den Entscheidern in Einkauf und Supply Chain Management die technologischen BC-Grundlagen anschaulich zu verdeutlichen, um eine fundierte und realistische Bewertung ihrer Einsatzmöglichkeiten zu ermöglichen. Außerdem fehlt es noch an veröffentlichten, praktischen Anwendungsfällen als Inspirationsquelle für mögliche eigene BC-Einführungsprojekte. Diesen Missstand verdeutlicht eine Umfrage der Bitkom, bei der 88 % der Befragten angaben, dass es an veröffentlichten Erfolgsgeschichten als Inspirationsquelle mangelt (Gentemann, 2019, S. 39).

Dieses Buch möchte diese Problematik aufgreifen. Ziel ist zunächst die anschauliche Darstellung und Beurteilung der Blockchain-Technologie sowie

© Der/die Autor(en), exklusiv lizenziert durch Springer Fachmedien Wiesbaden GmbH, ein Teil von Springer Nature 2022
E. Holschbach, E. Buss, *Blockchain in Einkauf und Supply Chain*,
https://doi.org/10.1007/978-3-658-36967-5_1

vergleichsweise häufig anzutreffender Blockchain-Anwendungen im Bereich des Einkaufs und des Supply Chain Managements. Dadurch sollen die Leser in die Lage versetzt werden, eine geeignete Vorauswahl bei der Entscheidung für eine Blockchain-Technologie treffen zu können. Dabei sollen sowohl technologische (z. B. Potential und Reifegrad der BC-Technologie) als auch betriebswirtschaftliche (Kosten) und organisatorische (Entwicklung und Betrieb) Aspekte berücksichtigt werden. Diese Beurteilungsperspektiven werden anhand von Praxisbeispielen beleuchtet.

Das Buch ist dabei in fünf Kapitel gegliedert. Im Anschluss an die Einleitung werden in Kap. 2 die Grundlagen der Blockchain-Technologie aus Sicht von Anwendern in Einkauf und Supply Chain Management dargestellt. In einem spielerischen Exkurs kann der Leser eine Blockchain „erstellen". Außerdem werden die Potentiale der Blockchain-Technologie aktuellen Herausforderungen des Supply Chain Managements (kurz: SCM) gegenübergestellt.

Die zugrunde liegende These dieses Buches ist, dass sich unter einer Vielzahl von praktischen BC-Anwendungsfällen wiederkehrende, sogenannte archetypische BC-Use-Cases finden lassen. Diese zu identifizieren und zu beschreiben ist Gegenstand von Kap. 3. Es werden fünf Anwendungscluster im Bereich des Einkaufs und des SCM vorgestellt, in denen derzeit in der Praxis die BC-Technologie vorwiegend zum Einsatz kommt.

In Kap. 4 wird den Lesern eine Hilfe zur konkreten Ausgestaltung künftiger Blockchain-Anwendungen für Einkauf und Supply Chain Management bereitgestellt. Mit Hilfe eines morphologischen Kastens werden anwendungsbezogene und technologische BC-Alternativen gegenübergestellt und der Leser in die Lage versetzt, grundsätzliche Merkmale adäquater Blockchain-Lösungen festzulegen.

Kap. 5 schließt mit einer Zusammenfassung und einem Ausblick auf zukünftige Entwicklungen.

Literatur

Gartner Inc. (Hrsg.) (2021). *Über uns.* https://www.gartner.de/de/ueber. Zugegriffen am 22.02.2021.

Gentemann, L. (2019). *Blockchain in Deutschland – Einsatz, Potenziale, Herausforderungen.* Bitkom e. V.

Hippold, S. (2020). Gartner Says 80 % of Supply Chain Blockchain Initiatives Will Remain at a Pilot Stage Through 2022: New Research Reveals Benefits of Blockchain Pilot Programs for Supply Chain. https://www.gartner.com/en/newsroom/press-releases/2020-01-23-gartner-says-80%2D%2Dof-supply-chain-blockchain-initiativ. Zugegriffen am 10.12.2021.

Grundlagen

2

Für ein einheitliches Verständnis der in diesem Buch behandelten Sachverhalte werden in diesem Kapitel einige theoretische Grundlagen gelegt. Dazu wird zunächst in Abschn. 2.1 die Blockchain-Technologie praktisch und in spielerischer Weise vorgestellt. Der Leser kann hierbei selbst eine vereinfachte Blockchain erstellen. In Abschn. 2.2 wird die diesem Buch zugrunde liegende Definition des Supply Chain Managements dargelegt. Darüber hinaus werden aktuelle Herausforderungen des SCM kurz erläutert.

2.1 Blockchain-Technologie

Die Blockchain-Technologie wird von einigen Akteuren als disruptiv und revolutionär bezeichnet. Dieses begründet Swan (2015) mit den gravierenden Auswirkungen, die sie auf die Gesellschaft haben könnte. Insbesondere im Zuge der Vernetzung der Welt und der Zunahme mobiler Endgeräte, die an das Internet angeschlossen sind und miteinander kommunizieren, kann die BC-Technologie eine Infrastruktur für den Austausch von Werten bieten. Sie wird auch als fünftes Paradigma[1] des Computing bezeichnet (Swan, 2015, S. IX). Über das Internet können Duplikate von Informationen (z. B. Software, Medien, Daten jeglicher Art) ohne

---

[1] Nach Swan (2015, S. X f.) ist das erste Paradigma des Computing der Großrechner (1970er-Jahre), das zweite Paradigma der PC (1980er-Jahre), das dritte Paradigma das Internet (1990er-Jahre) und das vierte Paradigma sind mobile Endgeräte und soziale Netzwerke (2000er-Jahre).

© Der/die Autor(en), exklusiv lizenziert durch Springer Fachmedien Wiesbaden GmbH, ein Teil von Springer Nature 2022
E. Holschbach, E. Buss, *Blockchain in Einkauf und Supply Chain*,
https://doi.org/10.1007/978-3-658-36967-5_2

nennenswerte Grenzkosten beliebig oft erstellt und verbreitet werden, sodass diese Entwicklungsstufe auch als *Internet der Informationen* bezeichnet wird (Fridgen et al., 2019, 70 f.).

In der physischen und digitalen Welt existieren jedoch Güter, die nicht dupliziert werden sollen oder können (z. B. ein Eigentumsnachweis einer Immobilie oder Geld auf Bankkonten) (Fill & Meier, 2020, 33 f.). In unserem Wirtschaftssystem übernehmen häufig dritte Parteien (z. B. Banken) die Verwaltung und Kontrolle von Vermögenswerten, so dass sie nicht mehrfach ausgegeben werden können. Das Risiko einer ungewollten Vermehrung von Vermögenswerten wird auch als *Double Spending-Problem* bezeichnet (Sixt, 2017, S. 10). Mithilfe der BC-Technologie kann dieses Problem auch im Internet gelöst werden, sodass in diesem Zusammenhang auch vom *Internet der Werte* gesprochen wird (Fridgen et al., 2019, S. 70 f.; Treiblmaier & Clohessy, 2020, S. 5). Mit der BC-Technologie lassen sich potenziell eine Vielzahl an Problemstellungen des Alltags lösen, auf die in diesem Buch eingegangen wird.

2.1.1 Definition und Abgrenzung des Blockchain-Begriffs

Der im vorherigen Abschnitt skizzierte innovative Charakter der BC liegt nicht in ihrem Neuheitsgrad begründet, sondern vielmehr in der Kombination bereits bekannter Technologien, wie z. B. kryptografischen Verfahren, dezentralen Datenstrukturen oder Konsensalgorithmen (Fill & Meier, 2020, S. 5; Fischer et al., 2019, S. 442 f.). Sie kann somit als Meta-Technologie betrachtet werden (Hinckeldeyn, 2019, S. 46). In der Forschung existiert keine einheitliche Definition der BC. Vielmehr wird die BC häufig über eine Aufzählung ihrer Merkmale charakterisiert wie das Beispiel der Bitkom zeigt:

> „Blockchain ist eine Technologie zur gesicherten Verarbeitung und Prüfung von Datentransaktionen auf Basis eines verteilten Peer-To-Peer-Netzwerks. Blockchain ist Teil der Distributed Ledger Technologie-Familie. Sie nutzt kryptografische Verfahren, Konsensalgorithmen und rückwärtsverlinkte Blöcke, um Transaktionen praktisch unveränderbar zu machen." (Gentemann, 2019, S. 15)

Da sich die BC-Technologie aus mehreren Technologien zusammensetzt, deren Zusammenspiel komplex ist und es darüber hinaus unterschiedliche Arten von Blockhains gibt (vgl. Abschn. 2.1.2), beschreiben einige Autoren die wesentlichen Merkmale und Eigenschaften dieser Technologie statt eine prägnante Definition bereitzustellen (Hinckeldeyn, 2019, S. 46; Mika & Goudz, 2020, S. 39). Diesem Ansatz wird auch im Rahmen dieses Buches gefolgt. Fünf charakteristische Merkmale beschreiben demnach die BC-Technologie. Sie sollen im Folgenden kurz beschrieben werden:

Dezentralität: Die BC- Technologie gehört zu den Distributed-Ledger-Technologien (DLT), die sich durch eine dezentrale Speicherung auf vielen unabhängigen Rechnern in einem Netzwerk auszeichnet (Schacht & Lanquillon, 2020, S. 5). Die Rechner stellen Knoten in einem Netzwerk dar und sind im Gegensatz zu zentralen Netzwerken gleichberechtigt, indem sie alle für das Netzwerk notwendigen Funktionen ausführen können (Adam, 2020, S. 17; Schütte et al., 2017, S. 8 f.). Dies macht dezentrale Netzwerke robust gegen Ausfälle, da keine zentrale Ausfallgröße (engl.: Single Point of Failure) besteht und Daten in jedem Netzwerkknoten redundant gespeichert werden (Abeyratne & Monfared, 2016, S. 3; Schweizer et al., 2020, S. 117).

Verkettungsprinzip: Blockchains stellen eine Sonderform der DLT dar, weil Informationen in Blöcken gespeichert werden (Hinckeldeyn, 2019, S. 5). Ein Block ist dabei ein mit fester Speichergröße definierter Datensatz, in dem verschiedene Informationen hinterlegt werden können (Wust & Gervais, 2018, S. 45). Durch kryptografische Verfahren beinhaltet ein Block Informationen seines Vorgängerblockes, wodurch die Verkettung stattfindet und der Technologie ihren charakteristischen Namen gibt (Meinel & Gayvoronskaya, 2020, S. 51). Jeder Block erhält einen Zeitstempel und wird in chronologischer Reihe an die Kette gehängt, wodurch eine Transparenz über alle Blöcke erreicht wird (Attaran & Gunasekaran, 2019, S. 1). Das Verkettungsprinzip wird detailliert im nachfolgenden Abschn. 2.1.2 erläutert.

Konsensmechanismus: Der oben beschriebene dezentrale Aufbau erfordert keine Kontrollinstanz und die Netzwerkknoten stehen in einem gleichberechtigten direkten Verhältnis zueinander. Dies wird auch als Peer-to-Peer-Modell (P2P) oder Netzwerkdemokratie bezeichnet (Meinel & Gayvoronskaya, 2020, S. 2). Auch im Hinblick auf die Entscheidungsfindung wird demokratisch im Sinne einer Mehrheit entschieden. Im konkreten Fall einer Blockchain muss die Fragestellung beantwortet werden, ob ein neuer Block der Blockchain hinzugefügt wird. Diese Entscheidung treffen alle oder ausgewählte Netzwerkknoten mit Hilfe eines festgelegten Konsensmechanismus (auch Konsensalgorithmus oder -verfahren genannt). Gleichzeitig sorgt dieser dafür, dass alle Netzwerkteilnehmer stets die aktuellste Version der Blockchain vorliegen haben (Adam, 2020, S. 27; Subramanian et al., 2020, S. 15).

Kryptografie: Kryptografie kann als geheime oder verschlüsselte Schrift verstanden werden (Adam, 2020, S. 51). Es handelt sich hierbei um eine digitale Verschlüsselung, die ein wesentliches Element der BC-Technologie darstellt. Durch kryptografische Verfahren wird sichergestellt, dass gespeicherte Informationen nachträglich nicht in einer Blockchain verändert werden können (Fischer et al., 2019, S. 443; Perboli et al., 2018, S. 62020). Obwohl die Informationen in einer Blockchain für alle Netzwerkteilnehmer sichtbar sind, verhindern kryptografische Verfahren, dass sie auch für alle lesbar und somit sinnvoll sind (acatech, 2018, S. 10).

Automatisierung: Neuere Blockchains weisen auch das Potential zur Automatisierung von Prozessen mit Hilfe von Smart Contracts auf. Smart Contracts sind Computerprogramme, die Wenn-Dann-Funktionen auslösen und Entscheidungen treffen, sobald geeignete vordefinierte Voraussetzungen erfüllt werden. Diese Entscheidungen basieren in einer Blockchain auf einer Rechenlogik, die programmiert wird. Benutzer können Algorithmen und Regeln aufstellen, die automatisch Transaktionen auslösen (Iansiti & Lakhani, 2017, S. 9). Dies können bspw. Geschäftslogiken wie das Veranlassen einer Bezahlung nach Eigentumsübergabe sein. Smart Contracts sollten daher nicht als „intelligente Verträge" verstanden werden (Adam, 2020, S. 55; Schacht & Lanquillon, 2020, S. 71).

Die fünf beschriebenen Merkmale treten im Verlauf dieses Buches wiederholt auf und dienen somit einem grundlegenden Verständnis der BC-Technologie. Einzelne Merkmale werden im nachfolgenden Abschnitt bei der Beschreibung des Aufbaus und der Funktionsweise von Blockchains nochmals aufgegriffen und detaillierter beschrieben. An dieser Stelle muss erwähnt werden, dass nicht „*die eine"* Blockchain existiert. Vielmehr gibt es eine Vielzahl an Ausgestaltungsmöglichkeiten dieser Technologie, die sich bspw. auf die Validierung von Blöcken im Rahmen des Konsensmechanismus beziehen (Mika & Goudz, 2020, S. 49).

Eine in der Wissenschaft populäre Einteilung verschiedener Blockchain-Systeme geht auf Swan (2015) zurück, die die Blockchain in die drei Entwicklungsstufen Blockchain 1.0, 2.0 und 3.0 aufteilt (Swan 2015, S. IX). *Blockchain 1.0* umfasst den Einsatz der Technologie für Finanztransaktionen mithilfe von Kryptowährungen,[2] wie es für die bekannteste Blockchain Bitcoin der Fall ist. Unter *Blockchain 2.0* wird das Anwendungsgebiet auf weitere Bereiche der Wirtschaft und auf Finanzen sowie Versicherungen erweitert. Im Vordergrund steht die Automatisierung von Transaktionen mittels Smart Contracts, wie es bspw. mit der BC Ethereum möglich ist. Mit *Blockchain 3.0* werden die derzeit am weitesten entwickelten Blockchains bezeichnet. Diese orientieren sich an Anwendungen jenseits von reinen Finanztransaktionen, wie z. B. im Supply Chain Management, Gesundheitswesen, Energiewesen und vielen weiteren (vgl. Abschn. 2.1.5). Ein be-

---

[2] Unter Kryptowährungen werden digitalisierte Wertmarken verstanden, die online als Tauschmittel/Zahlungsmittel eingesetzt werden können und nicht von einer Zentralbank oder Behörde geschaffen wurden. Im Wesentlichen werden sie von natürlichen und juristischen Personen genutzt (Rosenberger 2018, S. 17; Sixt 2017, S. 9).

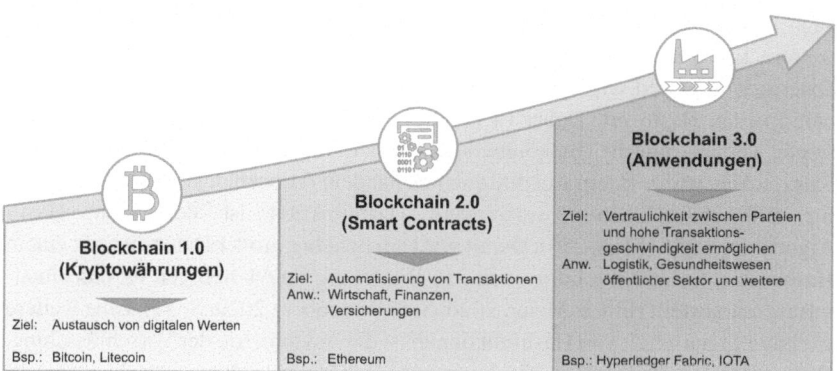

Abb. 2.1 Entwicklungsstufen von Blockchain-Systemen (eigene Darstellung, angelehnt an Wittenberg (2020, S. 62))

kanntes BC-System ist dabei Hyperledger Fabric (Jakob et al., 2018, S. 3; Swan 2015, S. IX). Eine Übersicht der verschiedenen Entwicklungsstufen zeigt Abb. 2.1.

Die Abgrenzungen zwischen Blockchain 2.0 und 3.0 sind allerdings nicht trennscharf, da sich die einzelnen Technologien stets weiterentwickeln (Schlatt et al., 2016, S. 15). Im Rahmen dieses Buches sind ausschließlich BC-Systeme der Entwicklungsstufe 2.0 und 3.0 relevant, die auch als Business-Logic-Blockchains und Enterprise Blockchains bezeichnet werden (Wittenberg 2020, S. 61 ff.). Kryptowährungs-Blockchains der Stufe 1.0 sind im Kontext dieser Veröffentlichung zu vernachlässigen.

2.1.2 Aufbau und Funktionsweise der Blockchain-Technologie

Im vorherigen Abschnitt wurden die wesentlichen technologischen Bausteine einer Blockchain beschrieben. Um die technische Funktionsweise von Blockchains zu verstehen, sind insbesondere die Merkmale Kryptografie und das Verkettungsprinzip von Relevanz, die im Folgenden anhand des Aufbaus eines Blocks dargestellt werden sollen.

Die kryptografische Verschlüsselung in Blockchains wird über sogenannte Hashfunktionen vorgenommen. Hashfunktionen berechnen für beliebig große Datensätze einen Hashwert mit fester Länge. Kryptografische Hashfunktionen sind deterministisch, d. h. für den gleichen Datensatz wird auch stets genau der gleiche Hashwert bestimmt (Hinckeldeyn 2019, S. 6). In diesem Zusammenhang wird

auch von einem digitalen Fingerabdruck gesprochen (Adam 2020, S. 192). Eine
weitere Eigenschaft von Hashfunktionen ist ihre Pseudozufälligkeit. Wenn ein
Datensatz verändert wird, dann führt die Hashfunktion zu einem nicht vorhersag-
baren neuen Hashwert. Dabei ist nicht von Relevanz, wie groß oder klein eine
solche Veränderung ist. Es könnte sich bei der Änderung auch lediglich um ein
Satzzeichen, wie z. B. ein Ausrufezeichen, handeln (Hinckeldeyn 2019, S. 6). Eine
für Blockchains häufig verwendete Hashfunktion ist der Secure-Hash-
Algorithmus-256 (SHA-256). Damit wird ein beliebig großer Datensatz mit einem
Hashwert auf eine feste Länge von 256 Bit, häufig im 64-stelligen Hexadezimal-
format, dargestellt (Fill & Meier, 2020, S. 6; Wittenberg 2020, S. 47). Eine weitere
wichtige Eigenschaft von Hashfunktionen ist die Asymmetrie der Verschlüsselung.
Während Daten eindeutig ein Hashwert zugeordnet werden kann, erlaubt ein Hashwert keinen Rückschluss auf die Eingabeinformationen. Folglich handelt es sich
bei kryptografischen Hashfunktionen um sogenannte Einwegfunktionen (Adam
2020, S. 53; Hinckeldeyn 2019, S. 6 f.). Aufgrund dieser Eigenschaften finden sich
für Hashwerte eine Vielzahl an Einsatzmöglichkeiten in der Informationstechnik,
wie z. B. bei Passwörtern (Schacht & Lanquillon, 2020, S. 8). In Abb. 2.2 werden
die drei wesentlichen Eigenschaften deterministisch, pseudozufällig und asym-
metrisch dargestellt.

Der Vorteil in der asymmetrischen Verschlüsselung liegt somit darin, dass die
Überprüfung sehr einfach ist, während Rückschlüsse auf die Eingabedaten nicht

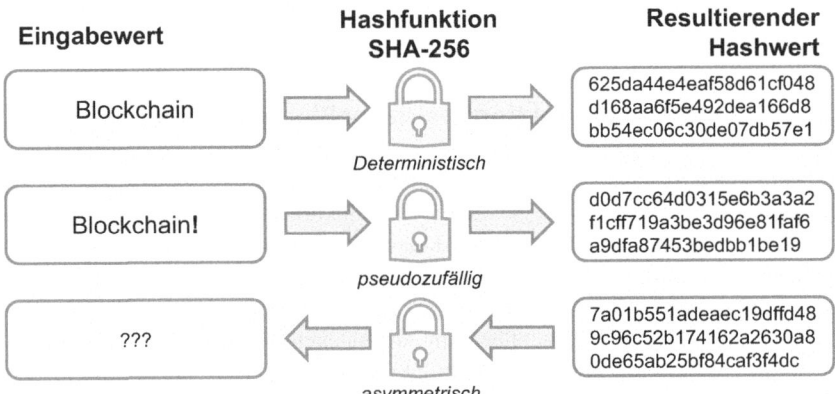

Abb. 2.2 Beispiel der deterministischen, pseudozufälligen und asymmetrischen SHA-256
Hashfunktion (eigene Darstellung, angelehnt an Hinckeldeyn (2019, S. 7) und Wittenberg
(2020, S. 47))

möglich sind (Schlatt et al., 2016, S. 8). Dies ist insbesondere dann notwendig, wenn unberechtigte Netzwerkteilnehmer Nachrichten nicht lesen können sollen. Im Gegensatz zu unberechtigten existieren auch berechtigte Netzwerkteilnehmer, die Adressaten von Informationen sind. Mithilfe der Public-Key-Kryptografie, die ein wesentliches Element der asymmetrischen Verschlüsselung ist, können ausgewählten Netzwerkteilnehmern Leserechte für Informationen zur Verfügung gestellt oder die eigene Authentizität nachgewiesen werden (Fill & Meier, 2020, S. 12 f.). Jeder Netzwerkakteur verfügt über einen privaten Schlüssel, den kein anderer Netzwerkteilnehmer kennen darf und einen öffentlichen Schlüssel, der allen bekannt ist. Um sicherzustellen, dass nur ein autorisierter Empfänger eine Nachricht lesen kann, verschlüsselt der Sender eine Nachricht mit dem öffentlichen Schlüssel des Empfängers, da nur dieser den richtigen privaten Schlüssel besitzt, um die Nachricht zu lesen. Umgekehrt kann sich ein Sender auch durch das Public-Key-Verfahren authentifizieren, indem eine Nachricht mit einer digitalen Signatur versehen wird. Hierzu verschlüsselt der Sender die Nachricht mit seinem privaten Schlüssel, sodass der Empfänger diese mit dem öffentlichen Schlüssel des Senders entschlüsseln kann (Fischer et al., 2019, S. 42; Hinckeldeyn 2019, S. 8 f.). Abb. 2.3 visualisiert das Public-Key-Verfahren mit seinen zwei Möglichkeiten.

Die Bedeutung der Kryptografie und Hashwerte wird für die BC deutlich, wenn ihr Aufbau und ihre Verkettung näher beleuchtet werden. Hierzu soll zunächst auf die Inhalte der kleinsten Einheit einer BC, den Block, eingegangen werden. Ein Block besteht im Wesentlichen aus den zwei Elementen Header und den jeweiligen Daten. Beide weisen wiederum Unterelemente auf (Wittenberg 2020, S. 46). Der Header enthält Metadaten über den Block, die im Folgenden kurz erläutert werden.

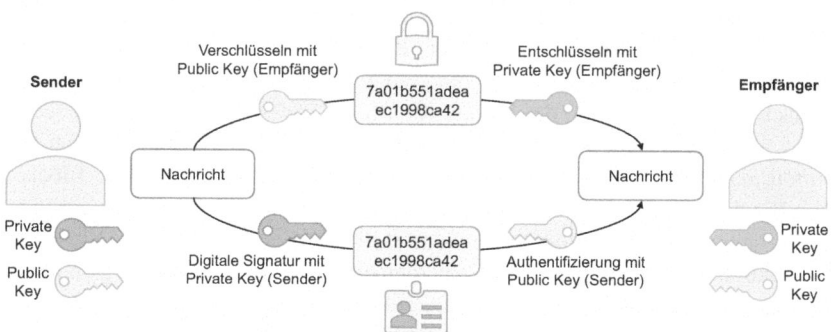

Abb. 2.3 Public-Key-Kryptografie (eigene Darstellung, angelehnt an Hinckeldeyn (2019, S. 9))

Ein Unterelement des Headers ist der Zeitstempel des spezifischen Blocks. Dieser gibt sekundengenau an, wann ein Block erzeugt wurde. Innerhalb des Headers finden sich als weiteres Element die Regeln der Blockchain. Diese umfassen bspw. den zugrunde liegenden Konsensmechanismus, den gültigen Softwarestandard, Regeln zur kryptografischen Verschlüsselung (z. B. SHA-256), aber auch die Schwierigkeit der Blockerzeugung, wenn es sich um eine BC handelt, die gleichzeitig Kryptowährungen erzeugt (Wittenberg 2020, S. 46). Das charakteristische Element der BC ist der Hashwert des vorherigen Blocks. Hierbei handelt es sich um den Hashwert für den vorherigen Block-Header. Indem dieser in dem darauffolgenden Block gespeichert wird, entsteht die Verkettung (Urban 2020, S. 19; Wittenberg 2020, S. 46). Durch die oben beschriebene Pseudozufälligkeit führen kleinste Änderungen zu völlig neuen Hashwerten. Ein Manipulationsversuch an früheren Blöcken ändert den Hashwert und führt zu einer ungültigen BC (Fill & Meier, 2020, S. 22). Hieraus leitet sich die häufig zitierte Fälschungs- und Manipulationssicherheit der BC-Technologie ab (Henke et al., 2020, S. 600). Als letztes Element des Headers ist der Hashwert der Daten zu erwähnen. Aufgrund seiner fest definierten Länge benötigt ein Hashwert wenig Speicherplatz und eignet sich wie die anderen Elemente als Metainformation (Wittenberg, 2020, S. 46).

Wie in Abschn. 2.1.1 dargestellt, können Blockchains 2.0 und 3.0 für Anwendungen über Kryptowährungen hinaus eingesetzt werden. So können bspw. auch Zertifikate für den ökologisch verträglichen Abbau von Rohstoffen oder Qualitätsberichte, die technisch einwandfreie Produkte nachweisen, in der Blockchain fälschungssicher gespeichert werden. Unabhängig vom Blockinhalt wird von Transaktionen gesprochen (Urban, 2020, S. 58). Um einen Hashwert mehrerer Daten (z. B. Transaktionen) zu erzeugen, wird auf einen Hash-Baum, einen sogenannten Merkle-Tree zurückgegriffen. Dazu werden bspw. Transaktionen mit einem Hashwert codiert und hierarchisch über mehrere Ebenen zu einem Merkle-Root-Hash durch Additionen verdichtet (Prinz et al., 2018, S. 313; Wittenberg, 2020, S. 48). Auch hier gilt, dass die Änderung einzelner Transaktionen automatisch zu einer Änderung der Merkle-Root führt, sodass Manipulationsversuche sofort aufgedeckt werden können (Hinckeldeyn, 2019, S. 11). Es ergibt sich der Vorteil, dass ein am BC-Netzwerk beteiligter Rechner sowohl einzelne Blöcke, ihre Block-Header und Transaktionsdaten einsehen kann als auch die gesamte Blockchain rückwärts nachverfolgen kann (Fill & Meier, 2020, S. 18). Indem alle Transaktionen nachvollziehbar und von allen einsehbar sind, kann auf einen Intermediär mit Kontrollfunktion verzichtet werden (Dhillon et al., 2017, S. 184). Den Aufbau eines Blocks, die Verkettung einzelner Blöcke und die Aggregation einzelner Transaktionen im Merkle-Tree-Verfahren verdeutlicht Abb. 2.4.

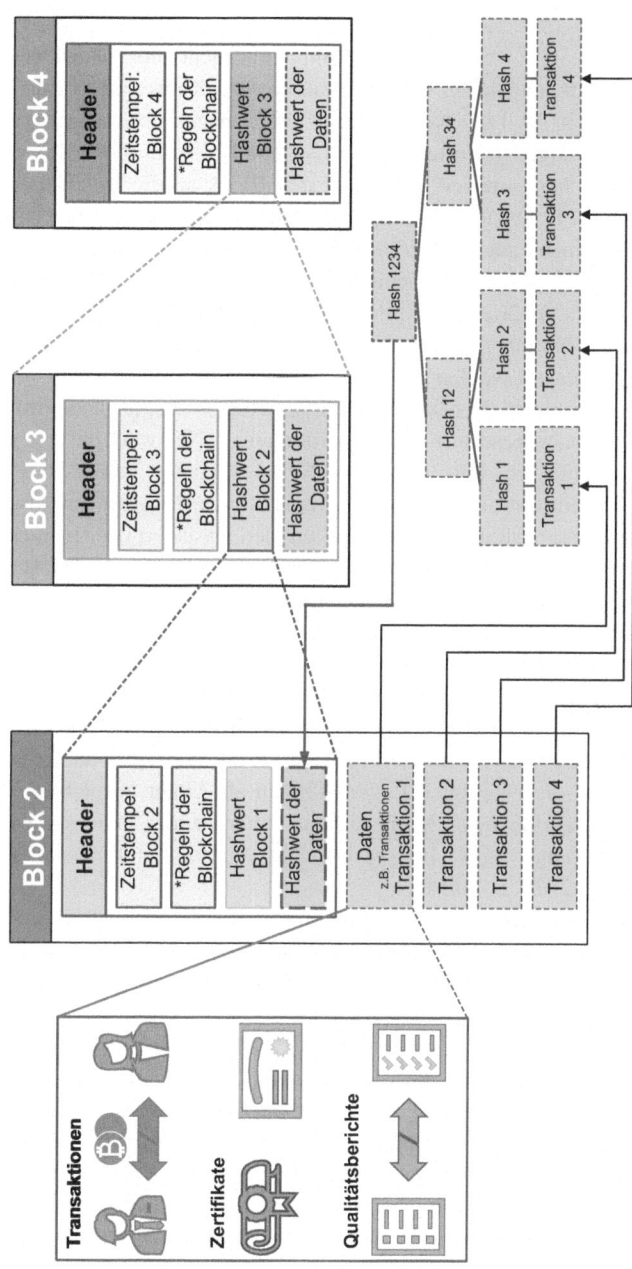

Abb. 2.4 Aufbau einer Blockchain (eigene Darstellung, angelehnt an Wittenberg (2020, S. 48))

Mithilfe kryptografischer Verfahren kann die Authentizität und die Integrität von Daten sichergestellt werden, jedoch kann damit nicht entschieden werden, ob ein Block an die BC angehängt wird. Hierfür werden Konsensmechanismen eingesetzt (vgl. Abschn. 2.1.1). Je nach eingesetztem Konsensverfahren wird geregelt, wie Übereinstimmungen getroffen werden, welche Rollen im Netzwerk erforderlich sind und welcher Netzwerkteilnehmer den Block an die Blockchain anfügt (Adam, 2020, S. 27 f.; Schacht & Lanquillon, 2020, S. 13 ff.). Zu den bekanntesten Konsensmechanismen zählen Proof-of-Work (PoW), *Proof-of-Stake* (PoS), *Proof-of-Authority* (PoA) und verschiedene Arten der *Byzantine-Fault-Tolerance* (BFT) (Dedeoglu et al., 2020, S. 63; Prinz et al., 2018, S. 314; Schacht & Lanquillon, 2020, S. 15; Wittenberg, 2020, S. 55). Die ersten beiden sollen nachfolgend exemplarisch vorgestellt werden:

Der Proof-of-Work ist der bekannteste Konsensmechanismus und wird von der Bitcoin-Blockchain eingesetzt. Konsens wird in einem Netzwerk darüber erreicht, dass ein kryptografisches Rätsel von den Netzwerkknoten gelöst wird (Adam, 2020, S. 27). Vereinfacht ausgedrückt wird eine Nonce (Number only used once, dt. in etwa: temporäre Zufallszahl) gesucht, um den Hashwert des zu erzeugenden Blocks mit einer festgelegten Anzahl von Nullen zu beginnen. Da Hashwerte pseudozufällig sind, probiert ein Rechner beliebig viele Zahlen aus, bis der gesuchte Hashwert die erforderliche Anzahl führender Nullen aufweist (Sixt, 2017, S. 13). Damit sich Netzwerkteilnehmer, die selbst keine Transaktionen für den Block tätigen, auch an dem kryptografischen Rätsel beteiligen, erhalten sie bei erfolgreicher Lösung des Rätsels eine Belohnung. Im Bitcoin-Netzwerk sind Bitcoins die Belohnung, daher wird das Rechnen für das Netzwerk auch als Mining (dt. schürfen) und die beteiligten Rechnerknoten als Miner bezeichnet. Die Berechnung erfordert eine hohe Rechenarbeit, daher ist der erzeugte Block ein Arbeitsnachweis (engl. PoW) für die erbrachte Leistung (Hinckeldeyn, 2019, S. 14; Wittenberg, 2020, S. 50 f.).

Da der Energieverbrauch für die erforderliche Rechenleistung beim PoW äußerst hoch ist, wurde der Konsensmechanismus Proof-of-Stake entwickelt. Die Aufgabe der Erzeugung eines Blocks muss nicht durch ein aufwendiges Rätsel gelöst werden, sondern wird einem zufälligen Netzwerknoten (sog. Validator) zugeteilt. Für die erfolgreiche Erstellung eines Blocks erhält der Validator die anfallenden Transaktionsentgelte pro Block (Adam, 2020, S. 32). Die Wahrscheinlichkeit, als Validator ausgewählt zu werden, hängt im Wesentlichen von dem Anteil (engl. Stake) der Kryptowährung ab, den der Validator hält. Damit ein Validator keine unrechtmäßigen Transaktionen validiert, muss er mit seinem Anteil für die Richtigkeit seiner Berechnung bürgen. Aufgrund der Gefahr, seinen Anteil zu verlieren, validiert ein Netzwerkknoten im Regelfall die Transaktionen korrekt

(Schacht & Lanquillon, 2020, S. 22). An diesem Konsensmechanismus ist die Art der Auswahl eines Validators zu kritisieren, da Netzwerkteilnehmer mit großen Anteilen bevorzugt werden und damit eine höhere Wahrscheinlichkeit haben, ihren Anteil zu steigern. Aus diesem Grund werden Konsensmechanismen wie der PoS stets weiterentwickelt, woraus angepasste Konsensverfahren wie der *delegated Proof-of-Stake* (dPoS) resultieren (Adam, 2020, S. 32 f.). Derzeit existieren über 30 verschiedene Konsensmechanismen, auf die jedoch in diesem Rahmen nicht näher eingegangen werden soll (Fridgen et al., 2019, S. 93).

2.1.3 Blockchain-Arten und Blockchain-Systeme im Vergleich

Die Möglichkeit zur Nutzung verschiedener Konsensmechanismen zeigt, dass für Blockchains verschiedene Ausgestaltungsmöglichkeiten existieren. Neben der Fragestellung, wie Blöcke an die BC angefügt werden oder auf welcher Entwicklungsstufe sie stehen (vgl. Abschn. 2.1.1), können Blockchains auch anhand ihres Grades an Öffentlichkeit sowie Zugriffsbeschränkung klassifiziert werden (Fridgen et al., 2019, S. 2). Es wird zwischen *Public Blockchains* (dt. öffentlichen) und *Private Blockchains* (dt. privaten) unterschieden.

Öffentliche Blockchains sind im Regelfall nicht zugangsbeschränkt (engl. *permissionless*), was bedeutet, dass jeder an diesem Netzwerk teilnehmen kann. Dabei regulieren sich die Netzwerke selbst und treffen ihre Entscheidungen über Konsensverfahren (Henke et al., 2020, S. 600 f.). Jeder Netzwerkteilnehmer hat vollen Zugriff[3] auf das Netzwerk und die gespeicherten Informationen. In dem Netzwerk treten die Teilnehmer mit einem Pseudonym auf, können jedoch mit Aufwand identifiziert werden. Die Software zum Betreiben eines Knotens wird als Open-Source-Software zur Verfügung gestellt. Beispielsweise sind die Bitcoin- oder Ethereum-BC dieser Art der BC zuzuordnen (Schacht & Lanquillon, 2020, S. 33).

In den meisten Fällen sind private Blockchains zugangsbeschränkt (engl. *permissioned*), sodass potenziellen Netzwerkteilnehmern zuerst erlaubt werden muss, die Blockchain zu nutzen. Auch die Bearbeitung in Form von Lese- und Schreibrechten wird im Vorfeld vergeben (Fischer et al., 2019, S. 450). Des Weiteren existieren *Consortial Blockchains* (dt. Konsortium) als Form der privaten Blockchains. Bei privaten Blockhains erfolgt die Vergabe von Zugriffs- und Bearbeitungsrechten

---

[3]Obwohl ein Netzwerkteilnehmer Zugriff auf die Daten hat, bedeutet dieses nicht zwangsläufig, dass er diese auch lesen kann. Im Regelfall wird ein Public-Key-Verfahren eingesetzt, was dieses verhindert.

durch eine im Vorfeld definierte administrative Instanz. In Consortial Blockchains sind alle Netzwerkteilnehmer gleichberechtigt und treffen Verwaltungsentscheidungen gemeinsam. Aus diesen Gründen sind private BCs bei Unternehmen sehr beliebt, da sowohl der Zugang als auch die Bearbeitung kontrolliert werden können (Dedeoglu et al., 2020, S. 61 f.; Henke et al., 2020, S. 601). Für die Validierung von Blöcken wird meist auch ein vereinfachter Konsensmechanismus wie bspw. der BFT eingesetzt, während in öffentlichen Blockchains auf starke Konsensverfahren wie PoW zurückgegriffen wird (Prinz et al., 2018). Anzumerken ist jedoch, dass in der Fachliteratur privaten Blockchains der wesentliche Kern, die Dezentralität, teilweise abgesprochen wird, weil durch zentrale Administratoren oder Konsortien eine Hegemonie besteht (Schacht & Lanquillon, 2020, S. 34; Wittenberg 2020, S. 26). Das bekannteste Beispiel für eine private Blockchain ist Hyperledger Fabric. Beispiele für konsortiale Blockchains sind R3 corda, MultiChain und Stellar (Henke et al., 2020, S. 601; Saghiri et al., 2020, S. 19 f.).

Um die Einteilung in Blockchain 1.0 bis 3.0 oder wie zuletzt die Klassifikation in öffentliche und private BC zu veranschaulichen, wurden in diesem Buch fortlaufend Beispiele verschiedener Blockchain-Systeme benannt (z. B. Bitcoin, Ethereum, Hyperledger Fabric, IOTA etc.). Diese BC-Systeme basieren auf eigens für sie entwickelten Protokollen, die in frei zugänglichen Whitepapern dokumentiert sind. Eine Übersicht an BC-Systemen, die häufig von Unternehmen eingesetzt werden, liefert Tab. 2.1.

Diese umfasst eine Kurzbeschreibung des BC-Systems, ihr Erscheinungsjahr und die Organisation (engl. Foundation), die hinter der BC steht. Außerdem wurden der Netzwerktyp, der Konsensmechanismus und eine Reihe technischer Daten, wie z. B. die kompatiblen Programmiersprachen, die optional eingesetzten Kryptowährungen oder die Transaktionsrate pro Sekunde (tps) angegeben. Um die technischen Besonderheiten der einzelnen BC-Systeme detaillierter nachzuvollziehen, wird auf die veröffentlichten Whitepapers verwiesen (Androulaki et al., 2018; Buterin, 2015; Greenspan, 2015; Hearn & Brown, 2019; Mazieres, 2016; Ocean Protocol Foundation, 2019; Popov, 2018).

2.1.4 Exkurs: Blockchain verstehen – Ein Serious Business Game am Beispiel der Luftfahrtindustrie

Im Folgenden werden die Funktionsweise und die Merkmale der BC-Technologie anhand eines stark vereinfachenden, spielerischen Beispiels verdeutlicht. Es orientiert sich an einem realen Blockchain-Pilotprojekt aus der Luft- und Raumfahrt-

Tab. 2.1 Blockchain-Systeme im Überblick (eigene Darstellung nach Literaturanalyse und technischer Bewertung auf Basis der Whitepaper) (Quellen: Adam, 2020, S. 44 ff.; Attaran & Gunasekaran, 2019, S. 18; Fridgen et al., 2019, S. 38 f.; Schacht & Lanquillon, 2020, S. 81; Treiblmaier & Clohessy, 2020, S. 81; Warburg et al., 2019, S. 173 f.; Wittenberg, 2020, S. 83 f.)

Kriterium / Blockchain	ethereum	HYPERLEDGER FABRIC	ocean	MultiChain	Stellar	r3 corda	IOTA
Kurzbeschreibung	Größte und bekannteste BC für Smart Contracts mit eigens dafür entwickelter Programmiersprache (Solidity).	ist eine für Privatunternehmen entwickelte BC mit modularem Aufbau. Es lassen sich gesicherte bidirektionale Verbindungen über die BC aufbauen.	Mit dem Ocean Protocol kann auf Basis der BC-Technologie ein dezentraler Datenmarktplatz mit voller Datenkontrolle für die Dateneigentümer eingerichtet werden.	ist eine open-source im Business-Bereich eingesetzte Blockchain. Sie ist eine von der ursprünglichen Bitcoin-Blockchain abgespaltene BC (in der BC-Fachsprache heißt das Fork= Gabel).	ist eine Zahlungsplattform, die Geldtransfers schneller, günstiger und transparenter abwickelt. Unterstützt Mikrotransaktionen in Echtzeit.	Der Schwerpunkt dieser Blockchain liegt im Datenschutz. Smart Contracts unterstützen juristische Prosa (Häufiger Einsatz bei Banken und Versicherungen).	ist eine DLT, aber keine Blockchain. Daten werden in Tangle (gerichtete azyklische Graphen) übertragen. Iota ist eine für das IoT und M2M-Kommunikation und -payments entwickelte DLT.
Foundation und Erscheinungsjahr	Ethereum Foundation (2015)	Linux Foundation (2015)	Ocean protocol Foundation (2017)	Coin Sciences Ltd. (2015)	Stellar Development Foundation (2014)	Start-up R3 (2014)	IOTA-Stiftung (2015)
Netzwerktyp	Public permissionsless	Private permissioned	Public permissionsless	Private (consortial) Permissioned	Private (consortial) Permissioned	Private (consortial) Permissioned	Public permissionsless
Konsensmechanismus	Proof-of-Work (Proof-of-Stake)	Mehrstufiger Konsens (BFT)	Proof-of-Authority	Round-Robin-Verfahren (vgl PBFT)	Stellar Consensus protocol	BFT, Raft, Single Notary	Proof-of-Work
Smart Contracts	Ja	Ja	Ja	Ja	Ja	Ja	Nur als Pre-Alpha
Programmiersprache (Plattform)	GoLang, C++, Java	GoLang, Java	Python, JavaScript	Python, JavaScript, Ruby, PHP, C#	C++, Java, Python	Java, Kotlin	Rust
Programmiersprache (Smart Contracts)	Solidity, Serpent	Go, Java	Solidity, Python, Java Script	JavaScript	C++, Java, Python	Java, Kotlin	Rust
Transaktion pro Sekunde (tps)	~15 tps	~2.000 tps	~15 tps basieren auf ERC-20	~2.000 tps	~1.000 tps	~170 tps	Bis zu 10.000 tps
Kryptowährung	Ether	keine	Ocean	Keine	Lumen	Keine	IOTA

industrie, das aus einer Kooperation des Luftfahrt- und Raumfahrtkonzerns Boeing mit seinem Zulieferer Honeywell entstand. Dabei soll auf Basis der BC-Technologie ein Handelsplatz für Bauteile der Luftfahrtindustrie entstehen, über den gebrauchte Flugzeugkomponenten weiterverkauft werden können (s. eingehender auch die Beschreibung des Anwendungsfalles in Abschn. 4.2).

Beispiel

Einige Flugzeugbauteile und -komponenten wechseln während ihres Produktlebenszykluses bis zu vier Mal den Eigentümer, bevor sie ausgemustert werden. Das Volumen des Ersatzteilgeschäfts beläuft sich auf mehrere Milliarden Dollar. Es werden jedoch lediglich rund 2 % dieses Ersatzteilgeschäfts über den elektronischen Handel abgewickelt. Wenn eine Flugzeugkomponente weiterverkauft wird, müssen sämtliche Informationen, wie z. B. der ursprüngliche Hersteller, etwaige Vorbesitzer, die Wartungshistorie und Prüfzeugnisse sowie Messberichte als Dokumente weitergegeben werden. Dazu werden diese Dokumente häufig noch physisch von einem Standort zum anderen transportiert. Dieses Vorgehen birgt die Gefahr von Datenverlusten und Fälschungen, so dass die Rückverfolgbarkeit erheblich erschwert wird.

Um diesen Herausforderungen zu begegnen, listet Honeywell jedes fabrikneue Bauteil mit einer unveränderlichen Markierung auf ihrer Blockchainbasierten Handelsplattform GoDirekt™ und erstellt für dieses eine „Geburtsurkunde", die Informationen wie z. B. den ursprünglichen Hersteller und die erfüllten Sicherheitsstandards beinhaltet. Nachfolgend werden Ereignisse im Lebenszyklus der Flugzeugkomponente, wie z. B. Reparaturen, Prüfungen oder der Weiterverkauf auf der Blockchain gespeichert. Eine interessierte Fluglinie erhält somit vor ihrem Kauf einen Einblick in die fälschungssichere Historie sämtlicher Transaktionen für eine Flugzeugkomponente. Dieser Aspekt ist insbesondere bei sicherheitsrelevanten Komponenten und Bauteilen von großer Bedeutung. ◄

Vor dem Hintergrund des oben skizzierten Beispiels sollen im Folgenden die Funktionsweise und die wesentlichen Merkmale der BC-Technologie demonstriert werden. Ziel ist es dabei, mit der Blockchain die Qualitätssicherung beim Verbau von Flugzeugkomponenten zu unterstützen und die Rückverfolgbarkeit verschiedener Flugzeugkomponenten in unterschiedlichen Flugzeugen zu gewährleisten.

Das Erzeugen von Blöcken soll dabei im Rahmen eines Rechenwettbewerbs (vgl. Abschn. 2.1.2 Proof-of-Work) von mehreren Rechnerknoten vorgenommen werden. Für die Erzeugung von Blöcken müssen die Rechnerknoten mehrere Informationen gemäß einer Rechenformel miteinander verknüpfen, woraus sich ein Datensatz („Block") mit einem einzigartigen Prüfwert („Hashwert") ergibt. Der schnellste Rechnerknoten signalisiert, dass er einen Block errechnet hat, der gemäß den kryptografischen Regeln der Blockchain und somit den Anforderungen genügt. Die anderen Netzwerkteilnehmer brechen ihre Rechnung ab und verifizieren den erzeugten Block, wobei die Verifikation mittels einer Rechnung vorgenommen wird. Wenn die Mehrheit (z. B. mehr als 50 %) der Rechnerknoten die Richtigkeit des erzeugten Blockes bestätigt und darüber Konsens erzielt werden kann, dann wird der Block der Blockchain angefügt. Falls die Berechnung fehlerhaft ist und keine Mehrheit für den erzeugten Block gefunden wird, dann beginnt erneut der Rechenwettbewerb. Das Ablaufdiagramm in Abb. 2.5 verdeutlicht Schritt für Schritt das Vorgehen zur Errechnung und Erzeugung eines Blockes in der Blockchain.

Für das Beispiel der Luft- und Raumfahrtindustrie für verbaute Flugzeugkomponenten soll die Berechnung eines Blockes identisch mit der Berechnung eines Hashwertes angenommen werden. Ein Block ist dabei ein Datensatz, der die folgenden Informationen miteinander verknüpft:

- Verbaute Flugzeugkomponente (Triebwerk, Bremssystem, Cockpit, Reifen etc.)
- Fiktiver Komponentenhersteller (RollsRocket, Good-Day Tyres, Liebfrau, Honeygood etc.)
- Eindeutige Flugzeugnummer
- Zustand der Komponente (0 = Zustand in Ordnung; 1 = Zustand nicht in Ordnung)

Der Hashwert wird dabei gemäß folgender Formel berechnet:

$$Hash = \left(a + b + c + d\right) - letzten\ 2\ Ziffern\ des\ vorherigen\ Hashes + Nonce$$

Es gelten folgende Zuordnungen für die einzelnen Formelelemente:

a: ASCII-Wert des ersten Buchstabens der Flugzeugkomponente
b: ASCII-Wert des ersten Buchstabens des Herstellers
c: Nummer des Flugzeugs
d: Zustand der Komponente
Nonce: Variabler Wert zwischen 1 und 3, der addiert werden muss, um einen Hashwert zu bilden, der (ohne Rest) durch 3 teilbar ist

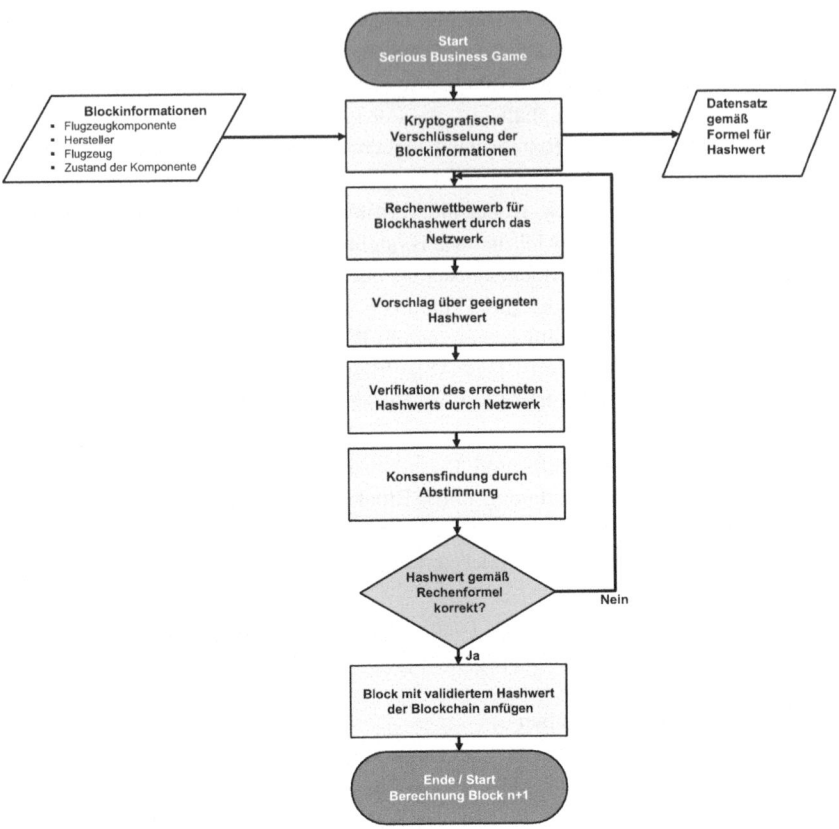

Abb. 2.5 Ablaufdiagramm für eine beispielhafte Blockerzeugung

Beispielhaft soll zunächst der Hashwert für den vierten Block berechnet werden. Hierzu soll der Drucksensor_01439 des Herstellers Honeygood in das Flugzeug mit der Nummer 2 verbaut werden. Die Komponente ist technisch einwandfrei. Zum Anwenden der Berechnungsformel müssen zunächst die Werte für a, b, c und d bestimmt werden. Sie können aus der nachfolgenden Tabelle entnommen werden (Tab. 2.2).

Für die Berechnung des Hashwertes braucht es ebenfalls die Information über zuvor verbaute Komponenten, da die Blockchain gemäß des Verkettungsprinzips (vgl. Abschn. 2.1.1) Informationen des vorherigen Blockes mitberücksichtigt. Folglich ist der Hashwert des vorherigen Blockes mit der Nummer drei relevant,

Tab. 2.2 ASCII-Tabelle für Großbuchstaben

Buchstabe	A	B	C	D	E	F	G	H	I	J	K	L	M	N	O	P	Q	R	S	T	...
ASCII-Wert	65	66	67	68	69	70	71	72	73	74	75	76	77	78	79	80	81	82	83	84	...

der die Prüfung der beschädigten Komponente Fahrwerk_03155 im Flugzeug 5 mathematisch zu dem Hashwert 57 verknüpft hat. Abb. 2.6 sind sowohl die Informationen der zuvor verbauten Blöcke als auch des relevanten vierten Blockes zu entnehmen.

Der Hashwert für den vierten Block berechnet sich gemäß der oben vorgestellten Formel:

$$Hashwert_{Block\,4} = \left(68 + 72 + 2 + 0\right) - 57 + Nonce$$

$$Hashwert_{Block\,4} = 85 + Nonce$$

Es muss eine Nonce (bestehend aus 1, 2 oder 3) gefunden werden, damit der Hashwert des vierten Blockes ohne Rest durch drei teilbar ist. Die gesuchte Nonce ist zwei, da die Zahl 87 ohne Rest durch drei teilbar ist.

$$Hashwert_{Block\,4} = 85 + 2 = 87$$

Damit der vierte Block auch der Blockchain hinzugefügt wird, muss dieser mit seinem errechneten Hashwert auch vom Netzwerk akzeptiert werden. Wie in Abb. 2.5 dargestellt, verifiziert das Rechner-Netzwerk die Rechnung und prüft, ob der errechnete Hashwert 87 tatsächlich die Bedingung der Blockchain (Division durch 3 ohne Rest) erfüllt. Hierfür bietet sich eine einfache mathematische Prüfung an. Für natürliche Zahlen gilt, dass diese stets ohne Rest durch drei teilbar sind, wenn deren Quersumme durch drei teilbar ist. So ergibt sich für den Hashwert 87 die Quersumme 15, die das fünffache der Zahl drei und dadurch ohne Rest teilbar ist. Mit der einfachen Prüfung über die Quersumme soll eine Parallele zu realen Blockchains und insbesondere jener, die den Proof-of-Work-Konsensmechanismus nutzen, gezogen werden. Denn auch bei realen Blockchains gilt, dass die Errechnung geeigneter Hashwerte einen hohen Rechenaufwand bedeutet, jedoch deren Prüfung vergleichsweise wenig Rechenleistung erfordert.

Welchen Mehrwert nun die Speicherung der verbauten und geprüften Flugzeugkomponenten auf der Blockchain bietet, lässt sich gut anhand zweier Fragen verdeutlichen:

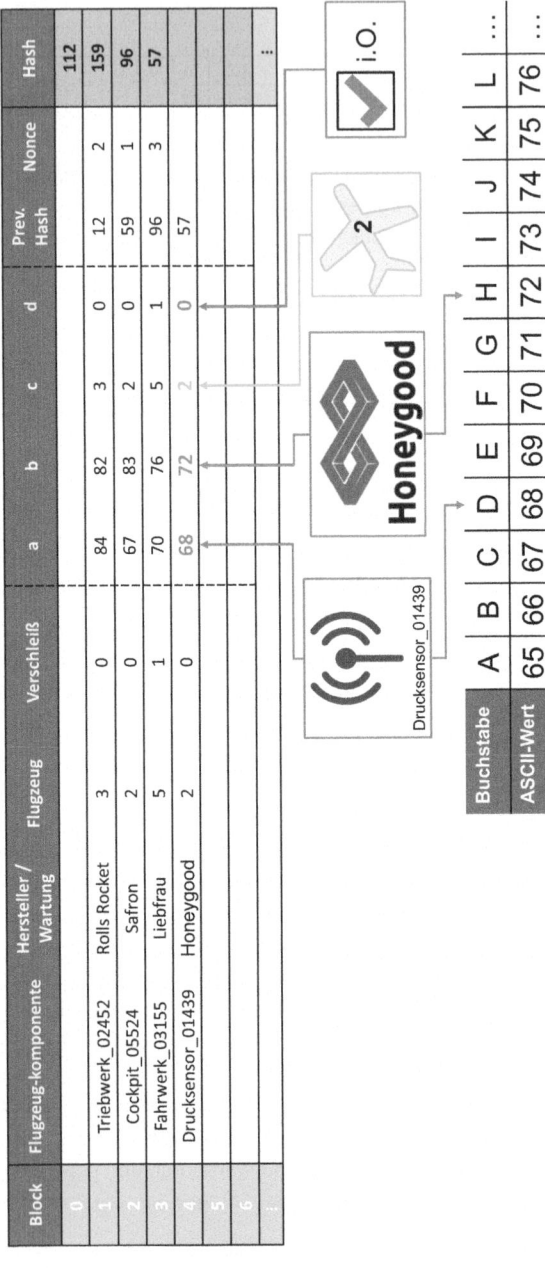

Block	Flugzeug-komponente	Hersteller / Wartung	Flugzeug	Verschleiß	a	b	c	d	Prev. Hash	Nonce	Hash
0											112
1	Triebwerk_02452	Rolls Rocket	3	0	84	82	3	0	12	2	159
2	Cockpit_05524	Safron	2	0	67	83	2	0	59	1	96
3	Fahrwerk_03155	Liebfrau	5	1	70	76	5	1	96	3	57
4	Drucksensor_01439	Honeygood	2	0	68	72	2	0	57		
5											
6											
:											...

Drucksensor_01439

Honeygood

i.O.

Buchstabe	A	B	C	D	E	F	G	H	I	J	K	L	...
ASCII-Wert	65	66	67	68	69	70	71	72	73	74	75	76	...

Abb. 2.6 Auszug verbauter Flugzeugkomponenten für den vierten Block

a) Handelt es sich bei der angebotenen Flugzeugkomponente um ein Originalteil eines bestimmten Herstellers (Safron)?

b) Ist die erworbene Flugzeugkomponente tatsächlich technisch einwandfrei oder hätte ihr Verschleißzustand nachträglich manipuliert werden können?

Wird die zuvor vorgestellte Blockchain fortgesetzt, sodass eine Chronologie verbauter und geprüfter Flugzeugkomponenten entsteht, können die Fragen beantwortet werden. Die Fortführung der Blockchain soll anhand Abb. 2.7 dargestellt werden. Die erste Frage kann exemplarisch für das verbaute Cockpit_05524 beantwortet werden, welches in Block 16 vom Maintenance-Service Center 4 als i. O. geprüft wurde. Erstmalig wurde das Cockpit_05524 in Block 2 in das Flugzeug mit der Nummer 2 vom Hersteller Safron verbaut. Folglich handelt es sich um ein Originalteil jenes Herstellers und der Blockchain kommt die grundlegende Funktion eines chronologischen Registers zu.

Für die Beantwortung der zweiten Frage ist es erforderlich, die beiden Auszüge miteinander zu vergleichen. Der Betrachtungsgegenstand ist hierbei der in Block 8 geprüfte Drucksensor_02013. Dieser wird in der oberen Abbildung als n. i. O. ausgewiesen und in die Blockchain übertragen. Mit einer geeigneten Nonce entsteht ein Block-Hashwert (147), der ohne Rest durch drei teilbar ist. Wenn nun einer Fluggesellschaft jedoch ein gefälschtes Prüfzeugnis vorläge, welches dieser Komponente einen einwandfreien Zustand (i. O.) bescheinigte, dann ergebe sich ein Block-Hashwert von 146. Dieser würde die Teilbarkeitsregel jedoch nicht erfüllen, was durch die Rotfärbung der notwendigen Bedingung (Spalte rechts) im unteren Teil der Abbildung verdeutlicht wird. Weiterhin ist anzumerken, dass jeder errechnete Hashwert nach dem vermeintlich gefälschten Block-Hashwert (146 für den achten Block) im Rahmen eines Konsensmechanismus festgelegt wurde. Folglich müsste ein Prüfzeugnisfälscher auch dafür Sorge tragen, dass 51 % des Netzwerks seinem Vorschlag für einen Hashwert zustimmen. Das dürfte aufgrund der erforderlichen Rechenleistung nicht möglich sein.

2.1.5 Möglichkeiten und Grenzen der Blockchain-Technologie

In diesem Abschnitt werden die Möglichkeiten und Grenzen der BC-Technologie im Allgemeinen sowie für öffentliche und private Blockchains beschrieben. Einige Möglichkeiten und Grenzen wurden bereits in vorherigen Abschnitten kurz erwähnt. Sie sollen an dieser Stelle nochmals zusammenfassend dargestellt und vertiefend erläutert werden. Dabei werden die Möglichkeiten und Grenzen der

(a)

Block	Flugzeugkomponente	Hersteller/Wartung und Prüfung	Flugzeug	Verschleißprüfung (0 = i.O.; 1 = n.i.O.)	a	b	c	d	Prev Hash	Nonce (1-3)	Hash	Division 3
0											112	
1	Triebwerk_02452	Rolls Rocket	3	0	84	82	3	0	12	2	159	
2	**Cockpit_05524**	**Safron**	2	0	67	83	2	0	59	3	96	
3	Fahrwerk_03155	Liebfrau	5	1	70	76	5	1	96	1	57	
4	Drucksensor_01439	Honeygood	2	0	68	72	2	0	57	2	87	
5	Reifen_03216	Good-Day	5	1	82	71	5	1	87	3	75	
6	Bremssystem_01436	Honeygood	2	0	66	72	2	0	75	1	66	
7	Triebwerk_03365	Rolls Rocket	1	0	84	82	1	0	66	1	102	
8	Drucksensor_02013	Maintenance-Service-Center_01	2	0 (b)	68	77	2	1	2	1	147	
9	Reifen_03694	Good-Day	5	0	82	71	5	0	47	3	114	
10	Cockpit_01867	Safron	3	0	67	83	3	1	14	1	141	
11	Drucksensor_04655	Honeygood	4	1	68	72	4	1	41	2	105	
12	Luftmanagementsystem_02498	Liebfrau	2	1	76	76	2	1	5	3	153	
13	Reifen_01910	Good-Day	4	1	82	71	4	0	53	3	108	
14	Triebwerk_02452	Maintenance-Service-Center_02	3	1	84	77	3	1	8	3	159	
15	Bremssystem_01436	Honeygood	1	1	66	72	1	0	59	3	84	
16	**Cockpit_05524**	**Maintenance-Service-Center_04**	3	0	67	77	3	0	84	3	66	
17	Triebwerk_02452	Luftfahrtbehörde (Prüfung)	3	1	84	76	3	1	66	1	99	

(b)

Block	Flugzeugkomponente	Hersteller/Wartung und Prüfung	Flugzeug	Verschleißprüfung (0 = i.O.; 1 = n.i.O.)	a	b	c	d	Prev Hash	Nonce (1-3)	Hash	Division 3
0											112	
1	Triebwerk_02452	Rolls Rocket	3	0	84	82	3	0	12	2	159	
2	Cockpit_05524	Safron	2	0	67	83	2	0	59	3	96	
3	Fahrwerk_03155	Liebfrau	5	1	70	76	5	1	96	1	57	
4	Drucksensor_01439	Honeygood	2	0	68	72	2	0	57	2	87	
5	Reifen_03216	Good-Day	5	1	82	71	5	1	87	3	75	
6	Bremssystem_01436	Honeygood	2	0	66	72	2	0	75	1	66	
7	Triebwerk_03365	Rolls Rocket	1	0	84	82	1	0	66	1	102	
8	**Drucksensor_02013**	**Maintenance-Service-Center_01**	2	0 (b)	68	77	2	0	2	1	146	
9	Reifen_03694	Good-Day	5	0	82	71	5	0	46	3	115	
10	Cockpit_01867	Safron	3	0	67	83	3	0	15	2	140	
11	Drucksensor_04655	Honeygood	4	1	68	72	4	1	40	1	106	
12	Luftmanagementsystem_02498	Liebfrau	2	1	76	76	2	1	6	3	152	
13	Reifen_01910	Good-Day	4	1	82	71	4	1	52	3	109	
14	Triebwerk_02452	Maintenance-Service-Center_02	3	0	84	77	3	0	9	3	158	
15	Bremssystem_01436	Honeygood	1	1	66	72	1	1	58	3	85	
16	Cockpit_05524	Maintenance-Service-Center_04	3	0	67	77	3	0	85	3	65	
17	Triebwerk_02452	Luftfahrtbehörde (Prüfung)	3	1	84	76	3	1	65	1	100	

Abb. 2.7 Exemplarischer Nutzen einer eingesetzten Blockchain für verbaute Flugzeugkomponenten

BC-Technologie zunächst allgemein erläutert, bevor sie in praktische Anwendungskontexte außerhalb des Supply Chain Managements gesetzt werden.

Möglichkeiten: Durch den Einsatz von verketteten Hashfunktionen können Daten in einer Blockchain nicht mehr geändert und somit fälschungssicher gespeichert werden, womit die BC eine hohe **Informationssicherheit** ermöglicht (Henke et al., 2020, S. 600). Auch hinsichtlich der **Netzausfallsicherheit** besitzt die BC einen großen Vorteil, weil Daten redundant in jedem Netzwerkknoten gespeichert werden (Abeyratne & Monfared, 2016, S. 3). Da jeder Block einen Zeitstempel beinhaltet, können **Änderungen** an jedem Block der Blockchain **nachvollzogen** werden (Düring & Fisbeck, 2017, S. 454; Wittenberg, 2020, S. 104). Über Konsensmechanismen müssen Transaktionen validiert werden, sodass digitale Werte einem **Kopierschutz** unterliegen und nicht mehrfach transferiert werden können. Des Weiteren bieten BCs die Möglichkeit, **Prozesse** durch Smart Contracts zu **automatisieren** und somit Kosten zu reduzieren (Wittenberg, 2020, S. 105 f.).

Grenzen: Der Unveränderlichkeit von Daten in der Blockchain ist nicht nur ein entscheidender Vorteil, sondern zugleich ein wesentliches Problem dieser Technologie. Die Durchdringung des Internets in fast alle Lebensbereiche veranlasste den Gesetzgeber mit der Datenschutzgrundverordnung (DSGVO) dazu, **Rechtssicherheit** für Fragen der Verwendung, Speicherung und Aufbewahrung insbesondere personenbezogener Daten im Internet zu schaffen. Hierunter besteht auch der Anspruch, ein *„Recht auf Vergessen"* umzusetzen, was im Kontrast zur Funktionsweise der BC hinsichtlich der kryptografischen Verkettung steht (Berghoff et al., 2019, S. 61 f.; Bundesnetzagentur, 2019, S. 22; Wittenberg, 2020, S. 151 f.). Auch Smart Contracts weisen im Hinblick auf die Rechtssicherheit erhebliche Herausforderungen auf. Rechtsgrundsätze wie die Anfechtbarkeit, die Rückabwicklung, die schwebende Unwirksamkeit von Verträgen, aber auch Aspekte komplexer Vertragsbeziehungen können nicht oder nur eingeschränkt über logische Regeln in Form von Wenn-Dann-Funktionen umgesetzt werden (Adam, 2020, S. 56; Bundesnetzagentur, 2019, S. 21 ff.). Weitere Problemstellungen, sowohl Smart Contracts als auch die gesamte Blockchain betreffend, sind der **eingeschränkte Support** und die **geringe Updatefähigkeit.** Während Unternehmen normalerweise ihr Enterprise-Resource-Planning-System (ERP-System) von einem Anbieter (z. B. SAP) beziehen und mit diesem einen Wartungsvertrag über Updates und garantierte Systemverfügbarkeit schließen, fehlt dieser Aspekt aufgrund der fehlenden zentralen Anbieter bei BC. Updates müssten vom gesamten Netzwerk über den Konsensmechanismus abgestimmt und auf jedem Netzwerkknoten ausgerollt werden. Dies beansprucht im Zweifelsfall wertvolle Zeit, wenn Sicherheitslücken auftreten (Wittenberg, 2020, S. 115 f.). Eine letzte zu erwähnende Anwendungsgrenze liegt in **fehlenden Standards** und **fehlender Interoperabilität.** Es fehlen

Standards zur Anbindung von IT- oder Cloud-Systemen, die sich aus Sicht der BC
außerhalb des Netzwerks befinden. Die Integration erfordert eine individuelle und
kostspielige Entwicklung geeigneter Schnittstellen (Wittenberg, 2020, S. 114).
Bislang können verschiedene BC-Systeme aufgrund proprietärer Standards und
Schnittstellen nicht miteinander verknüpft werden. Die fehlende Interoperabilität
zwischen den verschiedenen BC-Systemen ist derzeit Gegenstand der Forschung,
die sich jedoch noch in den Anfängen befindet (Adam, 2020, S. 57; Hinckeldeyn,
2019, S. 46; Wittenberg, 2020, S. 114).

Nachdem die Möglichkeiten und Grenzen der BC-Technologie im Allgemeinen
herausgestellt wurden, gilt es, diese im Folgenden für öffentliche und private BC
im Spezifischen zu betrachten. Im Unterschied zu privaten BC können öffentliche
BC auf einen Intermediär oder sonstige zentrale Instanzen verzichten und sind
vollständig im Sinne eines P2P-Netzwerks dezentral aufgebaut (Schacht & Lanquillon, 2020, S. 34; Wittenberg, 2020, S. 26). Da Netzwerkteilnehmer über Pseu-
donyme auftreten und unbekannt sind, greifen öffentliche Blockchains, verglichen
mit privaten Blockchains, auf stärkere kryptografische Verfahren und Konsensmechanismen zurück, wodurch sie äußerst sicher sind (Meinel & Gayvoronskaya,
2020, S. 65 ff.; Schacht & Lanquillon, 2020, S. 26 f.). Auf der anderen Seite werden öffentliche Netzwerke als hochgradig ineffizient betrachtet, weil sämtliche
Netzwerkknoten einer identischen Aufgabe nachgehen (z. B. Suche nach geeigneter Nonce) (Schacht & Lanquillon, 2020, S. 20). Die Ineffizienz wirkt sich
auch auf die Skalierbarkeit öffentlicher Blockchains aus. So weist die öffentliche
Blockchain Ethereum bspw. nur ca. 15 Transaktionen pro Sekunde auf, während
private BC wie Hyperledger Fabric oder Stellar einige Tausend Transaktionen pro
Sekunde zulassen (Meinel & Gayvoronskaya, 2020, S. 65; Wittenberg, 2020,
S. 110).

Die hohen Transaktionsraten privater Blockchains sind auf vereinfachte
Konsensverfahren zurückzuführen, die wiederum aus der Bekanntheit oder zu-
mindest selektiven Auswahl der Netzwerkteilnehmer resultieren (Meinel & Gay-
voronskaya, 2020, S. 65). Im Regelfall verfolgen private Blockchains gemeinsame
Zielsetzungen jenseits von Finanztransaktionen, sodass Anreizmechanismen wie
Kryptowährungen nicht erforderlich sind (Morabito, 2017, S. 88; Sixt, 2017,
S. 185). Kritisch an privaten BC ist jedoch der Einsatz administrativer Stellen oder
Konsortien. Diese widersprechen dem Ansatz gleichwertiger Netzwerkknoten
eines P2P-Netzwerks (Schacht & Lanquillon, 2020, S. 34; Wittenberg, 2020,
S. 26). Eine Übersicht über die vorgestellten Möglichkeiten und Grenzen kann der
Abb. 2.8 entnommen werden.

	Möglichkeiten	Grenzen
Strukturelle	• Datenintegrität und Unveränderlichkeit der Daten erhöhen Informationssicherheit • Nachvollziehbarkeit von Änderungen • Reduzierung von Kosten durch Prozessautomatisierung (Smart Contracts) • Kopierschutz für digitale Werte (Verhinderung Double-Spend) • Sichere und transparente Übertragung digitaler Werte • Hohe Netzausfallsicherheit (Verfügbarkeit) durch redundante Speicherung	• Erhöhte Kosten für Aufbau und Betrieb • Unveränderlichkeit fehlerhafter Daten (Irreversibilität) und keine Löschung möglich • Fehlende Standards und fehlende Interoperabilität verschiedener Blockchain-Systeme miteinander • Fehlende Rechtssicherheit für Smart Contracts hinsichtlich Haftungsfragen • Eingeschränkter Support und geringe Updatefähigkeit • Transparenz und eingeschränkte Vertraulichkeit sensibler Daten • Gefahr von 51 %-Attacken (insb. bei kleinen Blockchain-Netzwerken) • Keine garantierte Anonymität
Public Blockchain	• Keine Abhängigkeit von zentraler Instanz • Starke kryptografische Verfahren und Konsensmechanismen • Im Regelfall als Open Source angeboten • Leichter Zugang, da keine BC-Infrastruktur (z. B. Server) betrieben werden müssen	• Geringe Transaktionsgeschwindigkeit • unzureichende Skalierbarkeit • Erhöhter Energieverbrauch • Kopplung an volatile Kryptowährungen, wodurch Betriebskosten kaum vorhersagbar werden
Private Blockchain	• Souveränität über Daten und Identität • Gesicherte bilaterale Verbindungen umsetzbar • Keine volatile Kryptowährung • Bessere Skalierbarkeit aufgrund vereinfachter Konsensverfahren	• Administrative Stelle/Konsortium widersprechen P2P • Synchronisation der Chain liegt ggf. bei administrativer Stelle • Im Regelfall kein Open-Source und Kooperationen sind essentiell • Aufbau und Inbetriebnahme der BC erfordern häufig höhere Investitionen

Abb. 2.8 Möglichkeiten und Grenzen von (privaten und öffentlichen) Blockchains (Quellen: Attaran & Gunasekaran, 2019, S. 10; Bundesnetzagentur, 2019, S. 6; Gentemann, 2019, S. 30; Pur, 2019, 10 f.; Schlatt et al., 2016, S. 37; Wang et al., 2019, S. 68 f.; Wittenberg, 2020, S. 118)

Das für dieses Buch relevante Einsatzgebiet der BC-Technologie sind der Einkauf und das Supply Chain Management. Im nächsten Abschnitt werden daher die Möglichkeiten der BC-Technologie in diesem Bereich ausführlich dargestellt. An dieser Stelle sollen zunächst einige Einsatzgebiete der BC-Technologie in anderen Praxiskontexten als dem SCM kurz angerissen werden.

Im **Finanz- und Versicherungswesen** kann die BC bspw. bei der fälschungssicheren Aufbewahrung von Policen und der Nachverfolgung von Änderungen im Schadensfall unterstützen (Rawat et al., 2019, S. 3). Über Smart Contracts lassen sich auch Schadensfälle automatisiert abwickeln (acatech, 2018, S. 11). Der Kauf und Verkauf von Grundstücken ist im **Grundbuch** dokumentationspflichtig. Aufgrund ihrer Manipulationssicherheit und Nachvollziehbarkeit eignet sich die BC-Technologie in besonderem Maße für dieses Einsatzgebiet (Wust & Gervais, 2018, S. 53). Beispielsweise nutzt Schweden ein BC-basiertes Grundbuch (Meinel & Gayvoronskaya, 2020, S. 101). Im **Energiesektor** wird der Blockchain ebenfalls großes Potential zugesprochen. So besteht eine wesentliche Herausforderung der Energiewende darin, eine transaktionseffiziente dezentrale Energieproduktion einzurichten. Ein Großteil der erneuerbaren Energie wird von genossenschaftlich strukturierten Kleinproduzenten erzeugt. Administrative und regulative Hürden stellen die wesentlichen Markteintrittsbarrieren für die Kleinproduzenten dar, denen mit einem BC-basierten Peer-to-Peer-Energiemarkt begegnet werden kann (Mika & Goudz, 2020, S. 61 ff.; Voshmgir, 2016, S. 24). Auch im **öffentlichen Sektor** liegt ein Einsatzgebiet der BC-Technologie. Beispielsweise erprobte der US-Bundesstaat West Virginia in den Vorwahlen 2018 den Einsatz dieser Technologie. So konnten Bürger nach einem biometrischen Scan ihrer Fingerabdrücke über ihr Mobilgerät an Wahlen teilnehmen (Warburg et al., 2019, S. 383). Die Speicherung persönlicher Dokumente wie akademische Zertifikate, Heirats- und Geburtsurkunden sowie Ausweise, die allesamt dem **Identitätsmanagement** zuzuordnen sind, stellen ebenfalls ein weiteres potenzielles Einsatzgebiet der Blockchain dar (Abeyratne & Monfared, 2016, S. 6; Rawat et al., 2019, S. 5). In der Digitalisierung und im Einsatz der BC-Technologie geht bspw. Estland neue Wege. Viele behördliche Prozesse werden papierlos abgewickelt und Urkunden, wie akademische Zeugnisse und Geburtsurkunden, teilweise digital bereitgestellt (Meinel & Gayvoronskaya, 2020, S. 101). Die Bürger aus Estland verfügen über eine digitale eindeutige Identität, die auf einer BC hinterlegt ist und mit der sie verschiedene öffentliche Dienste nutzen können. Im Anwendungsgebiet **Gesundheitswesen** können Bürger nach Nachweis ihrer Identität ihre Krankheitsakten einsehen, die alle Einträge chronologisch dokumentiert (Raj & Deka, 2018, S. 22).

2.2 Supply Chain Management

Die Einsatzgebiete der BC-Technologie im Einkauf und Supply Chain Management werden in diesem Abschnitt eingehender beleuchtet. Zunächst werden in Abschn. 2.2.1 der Begriff, das Ziel und die Aufgaben des SCM kurz eingeführt. Da Unternehmen in einer dynamischen Umwelt agieren und ihre Zielsetzungen sowie Aufgaben stets an neue Anforderungen anpassen müssen, wird in Abschn. 2.2.2 ein Überblick zu Herausforderungen gegeben, denen sich das SCM gegenübersieht. Dabei leiten sich Herausforderungen aus relevanten Trends für das SCM ab oder können diesen zumindest zugeordnet werden und sind ebenfalls Gegenstand des Abschnitts. Den identifizierten Herausforderungen des SCM werden Anwendungsmöglichkeiten der BC-Technologie gegenübergestellt.

2.2.1 Verständnis des Supply Chain Managements

Im Rahmen dieses Buches wird SCM als ein umfassendes Konzept betrachtet, das einerseits die Funktionen der Logistik (Lagerhaltung, Distribution, Transport, Kundendienst, Beschaffung, Produktionsplanung und Bedarfsprognose) und andererseits Aspekte der strategischen Planung, der Informationstechnologie, des Marketings und des Vertriebs berücksichtigt (Hausladen, 2020, S. 11 f.; Larson & Halldorsson, 2004, S. 18–21).

Eine Definition, die diese Anforderung nach einer umfassenden Perspektive erfüllt und nach Kille (2020, S. 122) nah an der Unternehmensrealität ist, gibt das Council of Supply Chain Management Professional (CSCMP):

> Supply chain management encompasses the planning and management of all activities involved in sourcing and procurement, conversion, and all logistics management activities. Importantly, it also includes coordination and collaboration with channel partners, which can be suppliers, intermediaries, third party service providers, and customers. In essence, supply chain management integrates supply and demand management within and across companies. (CSCMP, 2013)

Das Hauptziel des SCM besteht nach Muchna et al. (2018) darin, durch Informations- und Abstimmungsmechanismen die Prozesse in der Supply Chain (dt. Lieferkette; kurz SC) so zu koordinieren, dass Angebot und Nachfrage möglichst synchronisiert werden. Im Idealfall steht die auf den Endkunden bezogene Nachfrage im Fokus (Muchna et al., 2018, S. 22). Betrachtungsgegenstand sind folglich Supply Chains, für deren Bezeichnung sowohl Werner (2020) als auch Eßig et al. (2013) den Begriff der Wertschöpfungskette nutzen. Diese umspannen gesamte

Unternehmensnetzwerke (von der Quelle der Güter bis zum Ort ihres Verbrauchs) und umfassen dabei die auftretenden Güter-, Informations- und Geldflüsse sowie die Interaktionen der Wertschöpfungsakteure zueinander (Eßig et al., 2013, S. 9; Werner, 2020, S. 6).

Die Aufgabe des SCM besteht neben der Netzwerkkoordination und Optimierung in der *„Gestaltung, Planung, Abstimmung, Steuerung, Durchführung und Kontrolle aller Ressourcen und Aktivitäten, die den Fluss von [Gütern] zwischen definierten Herkunftsorten („Quellen") und definierten Zielorten („Senken") beeinflussen und zeitgerecht auf einen bestimmten Bedarf ausrichten*" (Bretzke, 2020, S. 4 f.). Vereinfacht ausgedrückt, trägt das SCM dazu bei, dass das richtige Produkt, zur richtigen Zeit, am richtigen Ort, in der richtigen Menge, in der richtigen Qualität, dem richtigen Kunden und zu den richtigen Kosten zur Verfügung steht (Hausladen, 2020, S. 3).

Einkauf oder Beschaffung werden häufig synonym verwendet. Der Einkauf stellt einen bedeutenden Funktionsbestandteil des SCM dar. Er umfasst alle Maßnahmen zur Versorgung des Unternehmens mit Material (Roh-, Hilfs- und Betriebsstoffen, Zulieferteilen), Handelswaren, Ersatzteilen, Betriebsmitteln und Dienstleistungen (Grün & Brunner, 2013, S. 93).

2.2.2 Herausforderungen im Supply Chain Management

Neben den oben skizzierten Effizienzzielen rücken immer häufiger ökologische oder soziale Ziele in den Fokus des SCM und stellen Herausforderungen für Unternehmen dar (Hausladen, 2020, S. 4). Ursachen solcher Herausforderungen liegen häufig in Trends (Liebetruth, 2020, S. 14 f.). In diesem Abschnitt sollen daher Herausforderungen für das SCM identifiziert werden, die sich aus Trends für das SCM ableiten oder sich diesen zumindest zuordnen lassen. Auf Basis einer umfangreichen Literaturanalyse konnten folgende Trends identifiziert werden: *Individualisierung, Nachhaltigkeit und Corporate Social Responsibility (CSR), Supply-Chain-Risikomanagement* sowie *vernetzte Wertschöpfung*. Diese Trends werden im Folgenden mit den daraus für das SCM resultierenden Herausforderungen kurz vorgestellt.

Der Trend der zunehmenden **Individualisierung** und der damit verbundenen Wunsch nach Selbstverwirklichung verändert das Kaufverhalten von Konsumenten weg von standardisierten hin zu individualisierten Produkten (Schiffer et al., 2020, S. 13). Häufig wird in diesem Zusammenhang auch von *Mass Customization* (dt. kundenindividuelle Massenproduktion) gesprochen (Sohrt et al., 2020, S. 14). Damit wird ausgedrückt, dass die Berücksichtigung zahlreicher Kundenwünsche und -anforderungen zu einer großen **Variantenvielfalt** führen. Deren Management erhöht die Komplexität in der gesamten Lieferkette und stellt Unternehmen aus produktions- und logistikorientierter Sicht vor erhebliche Herausforderungen (Schiffer et al., 2020, S. 13). Eng verbunden mit der Herausforderung der Variantenvielfalt ist die Tendenz zu **kleinen Losgrößen**. Dabei gilt es, für Unternehmen wirtschaftliche Produktions- und Logistikstrukturen sowie einen angemessenen Vertriebsaufwand für kleine Produktionsmengen sicherzustellen (Kersten et al., 2017, S. 20; Toy et al., 2020, S. 30). Als letzte Herausforderung des Individualisierungstrends lassen sich **kürzere Entwicklungszyklen** aufgrund volatiler **Kundenerwartungen** beobachten. Es gilt, die Kundenerwartungen frühzeitig zu erkennen und dieses Wissen in die Entwicklung einfließen zu lassen, um personalisierte und innovative Marktleistungen anzubieten (Adema et al., 2015, S. 8; Toy et al., 2020, S. 30). Zu diesem Zweck werden häufig personalisierte Nutzungsprofile für Kunden angelegt und Produkte mit zusätzlichen Funktionen sowie Dienstleistungsbestandteilen erweitert (Schiffer et al., 2020, S. 14). Für das SCM bedeutet dies meist eine stärkere Bindung an Lieferanten, um noch kürzere Lieferzeiten zu realisieren und eine gute Servicequalität in ihren Logistikdienstleistungen zu erreichen (Toy et al., 2020, S. 38).

Als weiterer Trend im SCM konnten **Nachhaltigkeit und Corporate Social Responsibility (CSR)** identifiziert werden. Unter CSR kann ein Ansatz verstanden werden, bei dem Unternehmen mit ihrem Handeln zur Lösung gesellschaftlicher, ökonomische und ökologischer Probleme beitragen (Hartel, 2019, S. 25). Es ist zu beobachten, dass Kaufentscheidungen von Konsumenten immer stärker durch ethische und somit sozial verträgliche sowie ökologische Überlegungen beeinflusst werden. **Die Gesellschaft ist stärker** für diese Themenstellungen sensibilisiert (Weuthen, 2019, S. 128). Diese Anforderung wird auch an Unternehmen und ihre Lieferketten gestellt. Diese müssen ihre Entscheidungen und die damit verbundenen Auswirkungen neben wirtschaftlichen Aspekten auch hinsichtlich sozialer und ökologischer Folgen abwägen (Kersten et al., 2017, S. 20). Dabei greifen Unternehmen auf Zertifikate oder Label zurück, die nachweisen sollen, dass Produkte nachhaltig hergestellt oder gewonnen wurden, wie es bei Bio- oder FairTrade-Siegeln der Fall ist (Weuthen, 2019, S. 128). Häufig wird die Logistik und der damit verbundene Warentransport als großer Verursacher von CO_2- Emissionen betrachtet (Hartel, 2019, S. 24 f.). Eine Herausforderung für Unternehmen besteht folglich darin, eine **emissionsarme Logistik** aufzubauen (Schiffer et al., 2020, S. 20). Insbesondere die „Letzte Meile" als Ausdruck für Zustellung an den Endkunden, zeichnet sich durch hohe Transportkosten und Ressourcenverwendung aus (Bretzke, 2020, S. 511; Brown & Guiffrida, 2014, S. 503). Eine letzte zu erwähnende Herausforderung für das SCM, die mit dem Trend der Nachhaltigkeit in Verbindung steht, ist die **Kreislaufwirtschaft**. Gemäß dem Verursacherprinzip sind Hersteller in der Regel durch Gesetze dazu verpflichtet, in bestimmten Fällen ihre Produkte (z. B. Batterien, Verpackungen, Öl) zurückzunehmen und für eine adäquate Entsorgung oder anderweitige Verwendung Sorge zu tragen. Es gilt das Prinzip: Vermeidung vor Recycling und Recycling vor Entsorgung (Werner, 2020, S. 271 f.). Zum Schließen des Kreislaufs gilt es, den rückwärtigen Güterstrom zu betrachten (Muchna et al., 2018, S. 30). Diese Form des Wirtschaftens verlangt somit, dass Güter so lange wie möglich, im Idealfall auch nach Ende ihrer Lebenszyklen, in der Wirtschaft verbleiben und erfordert eine fundierte Informationsbasis über Verwendung und Zusammensetzung von Produkten (Baumgartner, 2017, S. 348 f.).

Unter **Supply-Chain-Risikomanagement** werden sämtliche Maßnahmen verstanden, die eingesetzt werden, um Unternehmen vor negativen Abweichungen (Schäden) von ihrer Zielerreichung zu schützen (Hartel, 2019, S. 26). Dieser Trend ist bei Unternehmen als Reaktion hinsichtlich zunehmender Unsicherheiten in ihrer Umwelt zu beobachten. Zu den größten Herausforderungen zählen Beschaffungsrisiken, die die Versorgungssicherheit in Lieferketten gefährden und im Zuge der weltweiten Güterbeschaffung (engl. **Global Sourcing**) auftreten (Werner, 2020, S. 217 f.). Hierunter fallen z. B. Transportunfälle und Qualitätsschwankungen bei Lieferanten, aber auch Stockouts (dt. Fehlmengen), die durch Konzepte wie Just-in-Sequence und damit zu niedrige Lagerbestände verursacht wurden. Eine ausreichende Informationsversorgung über den Lieferstatus sowie die Rückverfolgbarkeit in mehrstufigen und weltweit angelegten Lieferketten stellen zusätzliche Problemstellungen der weltweiten Beschaffung dar (Hartel, 2019, S. 29; Toy et al., 2020, S. 32). Die Nachfragerisiken, die aus Nachfrageschwankungen hervorgehen, sind eine weitere bedeutsame Herausforderung und können diesem Trend zugeordnet werden. Ein klar abzugrenzendes Phänomen ist der Bullwhip-Effekt (dt. Peitscheneffekt). Dieser beschreibt die Verstärkung von Bedarfsschwankungen von Stufe zu Stufe in der Supply Chain aufgrund begrenzter und zeitverzögerter Bedarfsinformationen. Somit führt bspw. eine gering steigende Endnachfrage über mehrere Wertschöpfungsstufen hinweg zu überproportionalen Bestellmengen bei produzierenden Unternehmen, die in schwer abzubauenden Lagerbeständen resultieren (Bräkling et al., 2020, S. 82; Muchna et al., 2018, S. 19). Ein weiteres zu beachtendes Risiko sind **Lieferkettenunterbrechungen** und damit verbundene Herausforderungen. Diese sind eng verknüpft mit den Beschaffungsrisiken, sollen hier jedoch stellvertretend für exogene Einflüsse stehen. Hierunter fallen Ereignisse, wie Naturkatastrophen (z. B. Vulkanausbrüche und Tsunamis), Pandemien, aber auch Cyberangriffe und Kriege (Werner, 2020, S. 216). Schlussendlich führen Ereignisse, die nicht antizipiert wurden und für die keine Maßnahmen vorbereitet wurden zu Störungen oder gar dem Erliegen der Lieferkette, was für Unternehmen existenzbedrohend sein kann (Kersten et al., 2017, S. 20; Werner, 2020, S. 216).

Der Trend zur **vernetzten Wertschöpfung** konnte als vierter und letzter Trend
für das SCM identifiziert werden. Das Konzept der **Sharing Economy** ist im B2C
und C2C-Bereich mit Unternehmen wie Uber oder Airbnb verbreitet, jedoch auch
für produzierende Unternehmen interessant. Das Prinzip *„leihen statt besitzen"* soll
zu einer gesteigerten Flexibilität führen (Werner, 2020, S. 255). Durch das Teilen
von Unternehmensressourcen, wie z. B. Lager-, Mitarbeiter- oder Transportkapazi-
täten, lassen sich neue Geschäftsmodelle verfolgen. Die Herausforderung besteht
jedoch in der Vertragsgestaltung und der nutzungsgerechten Abrechnung. Häufig
sind auch Aspekte der Sicherheit, Haftung und Versicherung über die Gesetz-
gebung noch nicht hinreichend geklärt (Toy et al., 2020, S. 40). Eine bedeutende
Herausforderung der Vernetzung in SC ist die **Lieferkettentransparenz.** Die weit-
gehend lückenlose Nachverfolgung jedes Fertigungs- und Transportschrittes eines
Produktes ist eine elementare Aufgabe im SCM (Hausladen, 2020, S. 200). Insbesondere der Datenaustausch zwischen Unternehmen bietet erhebliches
Optimierungspotenzial (Guggenberger et al., 2020, S. 1075; Toy et al., 2020,
S. 40). Im Kontext einer zunehmend vernetzten Wertschöpfung, verbunden mit
dem Megatrend der Digitalisierung, bieten sich große Potentiale für die **Automatisierung** (Zehbold, 2020, S. 86). Während Roboter in der Lagerverwaltung
oder der Fertigung und fahrerlose Transportsysteme die Automatisierung von
Materialflüssen vorantreiben, stellt die Automatisierung von Geschäftsprozessen
im Sinne einer Informationsversorgung noch eine erhebliche Herausforderung dar
(Dujak & Sajter, 2019, S. 33; Hofmann, 2020, S. 27; Wurll, 2020, S. 42 ff.). Dies
ist insbesondere auf die heterogene IT-Systemlandschaft in den kooperierenden
Unternehmen zurückzuführen. Aufgrund fehlender Schnittstellen stellen diese sogenannte *Datensilos* dar und erschweren einen überbetrieblichen Informationsaus-
tausch immens (Helmke, 2019, S. 199; Kubach, 2020, S. 292).

2.3 Anwendungsmöglichkeiten und Limitationen der Blockchain-Technologie im Supply Chain Management

Aus dem Verständnis des Abschn. 2.1 kann die Blockchain vereinfacht als ein
manipulationssicherer Datenspeicher betrachtet werden, der aus kryptografisch
miteinander verketteten Datenblöcken besteht, auf deren Inhalt sich die Netzwerkteilnehmer über einen Konsensmechanismus geeinigt haben. Die BC wird als
Kopie dezentral verteilt und bei jedem Netzwerkteilnehmer gespeichert. Gemäß
der getroffenen Definition aus Abschn. 2.2 umfasst das SCM jegliche Akteure in
Wertschöpfungsnetzwerken, die sich von der Quelle der Güter bis zum Ort ihres
Verbrauchs an koordinierenden und optimierenden Tätigkeiten zur Befriedigung

der Endkundennachfrage beteiligen. In diesem Abschnitt wird das SCM als eines
der wichtigsten Einsatzgebiete der BC-Technologie näher thematisiert. Hierzu sollen zunächst BC-Anwendungsmöglichkeiten im SCM identifiziert und charakterisiert werden. Anschließend sollen die identifizierten Anwendungsmöglichkeiten
den zuvor identifizierten Herausforderungen des SCM (vgl. Abschn. 2.2.2) gegenübergestellt werden, um Limitationen der BC-Technologie für das SCM zu
verdeutlichen. Zur Identifikation von Anwendungsmöglichkeiten der BC-
Technologie im SCM wurde eine umfassende Literaturanalyse durchgeführt. Dabei
konnten insgesamt neun Anwendungsmöglichkeiten ermittelt werden. Sie wurden
anhand ihres Zwecks, den sie für das SCM erfüllen, betitelt und werden im Folgenden kurz vorgestellt:

Herkunfts- und Ursprungsnachweise werden als eine der wichtigsten Anwendungsmöglichkeiten der BC-Technologie im SCM betrachtet (Konstantinidis
et al., 2018, S. 389; Petersen et al., 2018, S. 5). Die Sensibilität von Kunden hinsichtlich der Herkunft von Produkten nimmt kontinuierlich zu. Gütesiegel, die
belegen, dass Waren fair gehandelt und produziert wurden, sind heutzutage ein
entscheidendes Verkaufsargument. Kein Konsument möchte mit seiner Kaufentscheidung bspw. Kinderarbeit, Lohnsklaverei oder bewaffnete Gruppen in Bürger-
kriegsgebieten unterstützen (Wittenberg, 2020, S. 212). Über die BC kann nachgewiesen werden, dass die Herkunft eines Produktes bestimmte ethische und
ökologische Anforderungen erfüllt, indem die Beteiligung an der BC an Voraussetzungen wie das Vorhandensein von Zertifikaten geknüpft wird (Saberi et al.,
2019, S. 2118).

Die **Betrugs- und Fälschungserkennung** ist ein weiteres Anwendungsfeld der
BC-Technologie, da in den unterschiedlichsten Branchen, wie bspw. der Pharma-
zie, Textilindustrie oder im industriellen Ersatzteilegeschäft, häufig Fälschungen in
den Markt eingeführt werden (Gatteschi et al., 2020, S. 100). Allein in der Pharma-
zie entstehen durch gefälschte Produkte jährliche Kosten von geschätzt mindestens
163 Mrd. US-Dollar (Behner et al., 2017, S. 4). Neben dem finanziellen Schaden
liegt die Hauptgefahr darin, dass gefälschte Arzneimittel oder Schutzartikel
Menschenleben gefährden (Dujak & Sajter, 2019, S. 40). Durch die BC-Technologie
kann die Authentizität der Originalprodukte nachgewiesen werden, wenn diese in
den Markt eingeführt werden. Vereinzelt können Kunden bereits durch das Scan-
nen eines QR-Codes die Echtheit des vorliegenden Medikaments überprüfen (Do
et al., 2019, S. 618).

Hinter **Compliance Tracking und Zertifikatsmanagement** verbirgt sich die
Einhaltung von vertraglich oder gesetzlich festgelegten Auflagen in der Lieferkette
(Hansen et al., 2019, S. 14). In Branchen wie der Luft- und Raumfahrt, die hohe
Anforderungen hinsichtlich der Einhaltung von Qualitätsstandards und dem Nach-

weis von Prüfverfahren haben, kann die BC-Technologie das Zertifikatsmanagement unterstützen (Léopold, 2018, S. 12). Diese Anwendungsmöglichkeit
ist eng mit den Herkunftsnachweisen und der Fälschungserkennung verknüpft.

Die Anwendungsmöglichkeit **offener Informationszugang** beschreibt den sicheren Zugriff auf Dokumente über die BC. Hierunter fallen sowohl produktbezogene
Dokumente, wie bspw. technische Spezifikationen und Materialzusammensetzungen,
als auch unternehmensbezogene Informationen wie Auditberichte und Lieferanten-
zertifikate (Bocek et al., 2017, S. 773; Trauth et al., 2020, S. 14). Im Wesentlichen soll
auf papierbasierte Dokumente verzichtet werden, da diese leicht gefälscht oder in der
Supply Chain abhanden kommen können (Stahlbock et al., 2020, S. 239).

Neben Herkunftsnachweisen stellt die **Rückverfolgbarkeit des Warenstroms**
eine der bedeutendsten Anwendungsmöglichkeiten der BC-Technologie für das
SCM dar. In diesem Buch soll darunter die Transparenz über die Lieferkette verstanden werden. Diese Transparenz beinhaltet bspw. Informationen über den
Standort und die Historie sämtlicher Wertschöpfungsschritte eines Produktes (Petersen et al., 2018, S. 5; Weking et al., 2020, S. 291). Mithilfe der Radio Frequency
Identification-Technologie (RFID)[4] und dem Global Positioning System (GPS)
kann der genaue Standort von Produkten bestimmt werden, wodurch bessere Plan-
barkeit über deren Ankunft entsteht und weitere logistische Schritte eingeleitet
werden können (Dujak & Sajter, 2019, S. 34). Die Rückverfolgbarkeit mittels BC
unterstützt auch zielgerichtet bei Rückrufaktionen von Lebensmitteln, da genau
nachverfolgt werden kann, welche Produkte bspw. durch Erreger kontaminiert
sind. Die Dauer zur Identifikation kontaminierter Produkte kann dadurch statt
Tagen oder gar Wochen nur wenige Minuten oder Sekunden betragen. Außerdem
müssten einwandfreie Produkte nicht unnötigerweise entsorgt werden, wenn die
betroffenen Lebensmittel abgegrenzt werden können (Dujak & Sajter, 2019, S. 35;
Kshetri, 2018, S. 11).

Aus dem kombinierten Einsatz von Sensoren mit der BC-Technologie kann
eine **Überwachung des Produktstatus** über die gesamte Lieferkette realisiert
werden. Die Sensoren messen dabei abhängig vom Einsatzgebiet kontinuierlich
bestimmte Umweltinformationen, um einen Nachweis über die Produktqualität
auch während des Transportes bereitzustellen (Tijan et al., 2019, S. 6). Eine relevante Sensorinformation kann die Temperatur sein, die z. B. bei Medikamenten
weder unter- noch überschritten werden darf, um ihre Wirksamkeit aufrechtzu-

---

[4] Radio Frequency Identification (RFID) beschreibt Transponder mit Mikrochips und inte-
grierter Antenne, die über Radiowellen in kurzer Distanz entweder aktiv und kontinuierlich
einfache Daten über das Objekt (z. B. Geolokalisationsdaten) oder passiv nach Nutzung
eines RFID-Lesegeräts senden (Huth et al., 2019, S. 14).

erhalten (Singh et al., 2020, S. 1). Aber auch die Luftfeuchtigkeit, mechanische
Kräfte, die Lichtintensität oder chemische Zusammensetzungen sind Beispiele re-
levanter Informationen und betreffen bspw. technische Produkte (Kshetri, 2018,
S. 14). Die genauen Informationen werden häufig in Clouds gespeichert und mit
einem Hashwert in der BC referenziert, da BC im Regelfall eine begrenzte
Speichergröße pro Block aufweisen (Singh et al., 2020, S. 20; Urban, 2020, S. 24).

In Abschn. 2.1.1 wurden bereits **Smart Contracts** als Programme beschrieben,
die als Teil einer BC Entscheidungen auf Basis vordefinierter Voraussetzungen
treffen (Adam, 2020, S. 55; Schacht & Lanquillon, 2020, S. 71). Sie stellen eine
der wichtigsten Anwendungsmöglichkeiten der BC in Einkauf und SCM dar, weil
mit ihnen der Automatisierungsgrad erhöht werden kann. Smart Contracts können
im SCM dafür eingesetzt werden, Auftragsabwicklungsprozesse nach korrekter
Prüfung von Vertragsbedingungen auszulösen (Abeyratne & Monfared, 2016,
S. 3). Auch das automatisierte Inkrafttreten von Versicherungen oder Vertrags-
strafen sind denkbare Anwendungsfälle von Smart Contracts, um nur eine Auswahl
möglicher Anwendungen zu skizzieren (Dujak & Sajter, 2019, S. 41).

Eine weitere Anwendungsmöglichkeit der BC-Technologie liegt in der **Digitalisierung von Werten**. Diese wird auch als **Tokenisierung** bezeichnet und meint die
digitale Repräsentation physischer oder immaterieller Werte wie z. B. Rechten auf
der BC (Dapp, 2019, S. 165). Durch den Austausch von Tokens können Eigentums-
übergänge in der Blockchain fälschungssicher nachgewiesen werden. Zudem verhindert die BC-Technologie, dass Tokens von Personen weitergegeben werden, die
nicht ihre Eigentümer sind. Bezüglich der Rechte kann mit dem Besitz eines oder
mehrerer Tokens geregelt sein, dass die Eigentümer Dividendenausschüttungen erhalten oder zur Stimmabgabe berechtigt sind (Fischer et al., 2019, S. 445 ff.).

Eine BC ist aufgrund des ermöglichten fälschungssicheren Werteaustausches
ideal als **Datenmarktplatz und Handelsplattform** geeignet. Wenn Unternehmen
digitale Dienstleistungen wie z. B. vorausschauende Wartungen auf Basis künstlicher
Intelligenz anbieten möchten, benötigen sie im Vorfeld große Datenmengen, um den
Algorithmus zu trainieren (Schacht & Lanquillon, 2020, S. 92). Über einen BC-basierten Datenmarktplatz können Daten von Kunden mit der Sicherheit erworben werden, dass diese nicht an Dritte weitergegeben werden. Eine Anwendungsmöglichkeit
für die Nutzung der BC-Technologie als Handelsplattform für bereits marktfähige
Leistungen ist der fälschungssichere Vertrieb von 3D-Computer Aided Design
(CAD) oder Factoring[5] (Lacity, 2018, S. 209; Weking et al., 2020, S. 293).

---

[5] Factoring beschreibt den Verkauf von Forderungen aus Lieferungen und Leistungen an eine
Dritte Partei, um sofort Liquidität freizusetzten (Gentemann, 2019, S. 67; Piekenbrock,
2014, S. 189).

Für die neun BC-basierten Anwendungsmöglichkeiten kann festgehalten werden, dass diese häufig nur in Kombination mit anderen Technologiefeldern ihr volles Potenzial erfüllen (Attaran & Gunasekaran, 2019, S. 79; Fridgen et al., 2019, S. 27). Aus diesem Grund sollen im Folgenden kurz die relevantesten Technologien vorgestellt werden, die häufiger gemeinsam mit der BC-Technologie eingesetzt werden. Unter dem Sammelbegriff **Digital Identifier** (dt. digitale Identifizierungstechnologien) werden jene Technologien zusammengefasst, die in der Lage sind, Objekte zu identifizieren, zu erfassen und Daten zu diesen übertragen zu können. Beispiele sind unter anderem NFC[6] und RFID (Huth et al., 2019, S. 14).

Das Technologiefeld der **Internet of Things** (IoT) (dt. Internet der Dinge) beschreibt im Wesentlichen intelligente Objekte,[7] die an das Internet angeschlossen sind und somit die virtuelle und reale Welt miteinander vernetzen. Sie können Betriebs- und Umgebungsdaten sammeln, auswerten, mit anderen intelligenten Objekten kommunizieren und auf die Umwelt reagieren (Porter & Heppelmann, 2014, S. 4 ff.). Sowohl Digital Identifier als auch intelligente Geräte können für die BC die Funktion von Datenquellen erfüllen.

Eine Datensenke wiederum können **Clouds** darstellen, in denen bspw. große Datensätze off-chain gespeichert werden (Schacht & Lanquillon, 2020, S. 147). Unter Cloud Computing (kurz Cloud) wird die bedarfsgerechte und standortunabhängigen Bereitstellung und Nutzung von IT-Ressourcen wie bspw. Prozessorleistung, Speicherkapazitäten und Anwendungen über das Internet verstanden. Häufig wird dies über Dienstleistungsmodelle (z. B. Software-as-a-Service, kurz SaaS) abgewickelt, wo Nutzer nur die beanspruchte Leistung bezahlen (Appelfeller & Feldmann, 2018, S. 131; Kubach, 2020, S. 290).

Dem Technologiefeld der **künstlichen Intelligenz (KI)** als Nutzer von validen Daten wird ebenfalls ein herausragendes Potenzial im SCM sowie in der Kombination mit BC zugesprochen (Fridgen et al., 2019, S. 53 f.). Aufgrund der Komplexi-

---

[6] NFC steht für Near Field Communication und ermöglicht ähnlich zu RFID einen physisch-kontaktfreien Datenaustausch über kurze Distanzen (z. B. maximale 20 cm) (Huth et al., 2019, S. 14).

[7] Eine in der wissenschaftlichen Literatur vielzitierte Definition liefern Porter und Heppelmann (2014). Sie bezeichnen diese Objektive als Smart Products, die sich aus einer physischen Komponente (mechanische und elektronische Bauteile), einer intelligenten Komponente (Sensoren, Aktoren, Speicher, Software und Betriebssystem) und einer Vernetzungskomponente (Schnittstellen, Protokolle, drahtlose oder drahtgebundene Vernetzung) zusammensetzen (Porter & Heppelmann, 2014, S. 5 f.).

tät[8] und des Umfangs dieses Technologiefelds kann dieses an dieser Stelle nicht umfassend beleuchtet werden. Für das Verständnis dieses Buches soll unter KI im Wesentlichen maschinelles Lernen verstanden werden, welches ein Teilbereich der KI ist. Unter maschinellem Lernen wird das Lösen von Computerproblemen verstanden, ohne dass zuvor eine explizite Programmierung stattfand. Indem historische Daten (Erfahrungswissen) in einem Computermodell kontinuierlich ausgewertet werden und sich das Modell dadurch selbst optimiert (Lernverfahren), wird es in die Lage versetzt, Prognosen und ggf. Entscheidungen für neue Eingabedaten zu treffen (Schacht & Lanquillon, 2020, S. 90 ff.).

Als letztes relevantes Technologiefeld gelten **digitale Zwillinge**. Diese stellend ein computergestütztes Abbild eines materiellen oder immateriellen Systems dar, mit dem der Zustand jenes Systems über den gesamten Lebenszyklus simuliert wird (Adam, 2020, S. 177; Huth et al., 2019, S. 19 f.). Ein Anwendungsbeispiel im SCM ist die Simulation des gesamten Materialflusses in der Lieferkette, um mögliche Engpässe frühzeitig zu erkennen (Huth et al., 2019, S. 20).

In Abschn. 2.2.2 wurden Herausforderungen im SCM vorgestellt. Diese werden in Abb. 2.9 den Anwendungsmöglichkeiten der BC-Technologie gegenübergestellt. Diese Gegenüberstellung soll im Folgenden näher erläutert werden, um die Limitationen der BC-Technologie für das SCM darzustellen. Herausforderungen im SCM, die grau hinterlegt sind, werden nicht von der Blockchain adressiert. Die Bewältigung oder Reduktion der Auswirkungen dieser Herausforderungen werden im Wesentlichen durch andere technologische Lösungen erreicht. Mithilfe der BC-Technologie können im SCM lediglich Informations- und Geldflüsse optimiert werden, Materialflüsse werden durch sie nur mittelbar unterstützt (Dujak & Sajter, 2019, S. 42).

Daher adressieren BCs die Herausforderungen *zunehmende Variantenvielfalt, kleine Losgrößen, emissionsarme Logistik, Nachfrageschwankungen oder Lieferkettenunterbrechungen* nur bedingt, weil der Schwerpunkt auf physischen Gütern und deren Materialflüssen liegt. Beispielsweise ist das Technologiefeld der additiven Fertigung geeigneter, um kleine Losgrößen zu produzieren oder Lieferkettenunterbrechungen kurzzeitig zu beheben (Schiffer et al., 2020, S. 17). Für die Beherrschung zunehmender Variantenvielfalt eignen sich andererseits organisatorische Ansätze der Standardisierung und Modularisierung von Produkten und Pro-

---

[8] Künstliche Intelligenz ist für Unternehmen ein ähnlich überforderndes Technologiefeld wie die BC-Technologie und in der industriellen Praxis wenig im Einsatz (Gentemann, 2019, S. 19). Einen guten Einstieg in dieses Technologiefeld liefert das Periodensystem der künstlichen Intelligenz, welches 28 Teilfunktionen der KI unterscheidet und den Anspruch erhebt, KI-Anwendungen durch eine Kombination mehrerer Teilfunktionen vollständig beschreiben zu können (Klingholz et al., 2018).

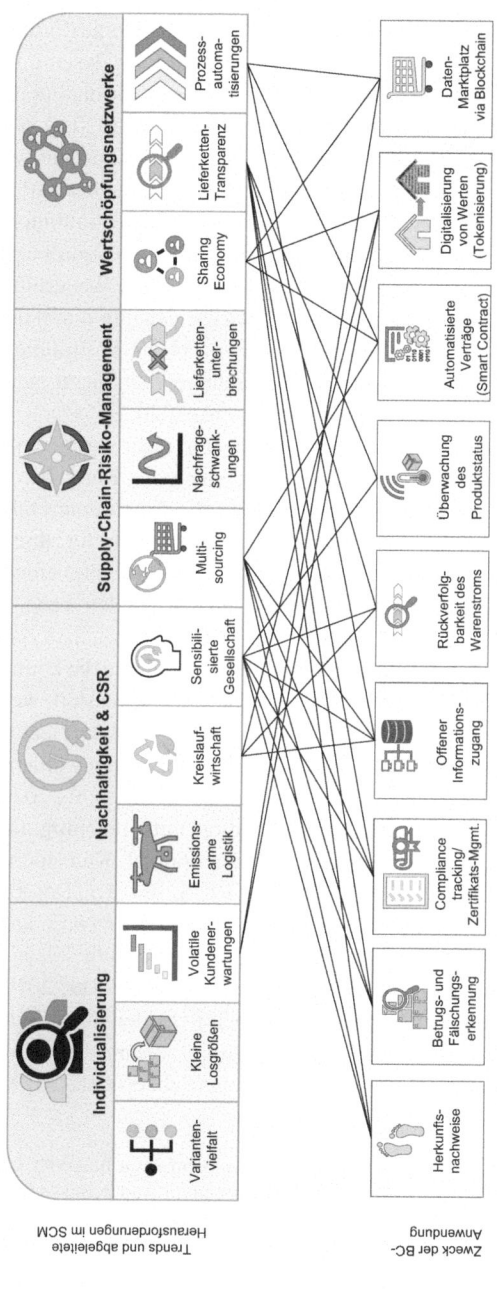

Abb. 2.9 Gegenüberstellung von SCM-Herausforderung und geeigneten Einsatzmöglichkeiten der Blockchain (eigene Darstellung). (Quellen Trends und Herausforderungen: Adema et al., 2015, S. 8; Hartel, 2019, S. 20 f.; Kersten et al., 2017, S. 20 f.; Schiffer et al., 2020, S. 13; Toy et al., 2020, S. 23 ff.; Quellen Einsatzmöglichkeiten Blockchain: Dujak & Sajter, 2019, S. 33 ff.; Fill & Meier, 2020; Hansen et al., 2019, S. 18; Petersen et al., 2018, S. 5 f.; Tijan et al., 2019, S. 9; Trauth et al., 2020; Verhoeven et al., 2018, S. 16; Wang et al., 2019, S. 68 f.; Wittenberg, 2020, S. 189 f.)

zessen (Schuh & Riesener, 2018, S. 15). Die Herausforderung der Nachfrageschwankungen lässt sich hingegen besser durch Analysen und Prognosen mittels künstlicher Intelligenz oder durch flexible Produktions- und Logistikstrukturen bewältigen (Kersten et al., 2017, S. 20; Toy et al., 2020, S. 67). Für die Erreichung des Zieles einer emissionsarmen Logistik sind Konzepte wie Platooning[9] oder der Einsatz von Drohnen für die letzte Meile denkbar (Stölzle et al., 2018, S. A28; Toy et al., 2020, S. 69–71). Es existieren weitere zahlreiche technologische Anwendungen, womit Herausforderungen im SCM adressiert werden können, sodass hier nur ein Auszug vermittelt werden kann. Weiterhin gilt, dass Problemstellungen im SCM im Zweifelsfall nicht zwangsläufig durch den Einsatz moderner Technologien bewältigt werden müssen. Unter bestimmten Voraussetzungen führen gezielte organisatorische Anpassungen bereits zu guten Lösungen (Abdelkafi et al., 2019, S. 6; Henke & Hegmanns, 2020, S. 545).

Die übrigen Herausforderungen im SCM lassen sich durch einzelne Anwendungsmöglichkeiten der BC-Technologie adressieren. Es wurde bereits an vorheriger Stelle dargestellt, dass die Anforderung an die Einhaltung ethischer und ökologischer Produktstandards aus Sicht von Konsumenten für ihre Kaufentscheidung (*sensibilisierte Gesellschaft*) oder aus Sicht von Unternehmen bei der Auswahl geeigneter Lieferanten durch die BC erfüllt werden kann. Auch die Herausforderungen *Lieferkettentransparenz* und *Prozessautomatisierungen* können durch Anwendungsmöglichkeiten der BC-Technologie wie die kontinuierliche Überwachung des Produktstatus oder Smart Contracts adressiert werden. Der Herausforderung *volatiler Kundenerwartungen* kann durch eine offene Informationsbereitstellung im Supply-Chain-Netzwerk begegnet werden, wodurch sich kürzere Entwicklungszyklen realisieren lassen (Gürpinar et al., 2020, S. 171). Zusätzlich können BC über Tokens in Kombination mit Treueprogrammen eingesetzt werden, wodurch die Kundenbindung erhöht und ggf. Kundenerwartungen frühzeitig identifiziert werden können (Fischer 19, S. 460 f.). Der Beitrag der BC-Technologie für die Herausforderung der *Kreislaufwirtschaft* kann in der Rückverfolgbarkeit wertvoller Güter liegen, die sich recyceln lassen und dem Kreislauf so erneut hinzugefügt werden können (Faber & Jonker, 2019, S. 224). Auch sind hier Anreizmodelle über ausgegebene Tokens denkbar, die beim Kauf von Produkten ausgegeben werden und bei erfolgreichem Recycling (Statusänderung des Tokens) monetarisiert werden können (Saberi et al., 2019, S. 2123).

---

[9] Platooning beschreibt das enge (ggf. autonome) Zusammenfahren mehrerer LKW hintereinander in einem Konvoi. Assistenzsysteme unterstützen unter Anderem synchrones Bremsen und die Einhaltung von Abständen, mit dem Zweck unter Nutzung des Windschatteneffekts Kraftstoff einzusparen und somit Treibhausgase zu reduzieren (Stölzle et al., 2018, S. 14).

Für die Sharing Economy liegt das Potenzial des BC-Einsatz in reduzierten Kosten durch den Wegfall eines Intermediäres, wie es sonst bekannten Sharing-Konzepten der Fall ist (z. B. Airbnb oder Uber). Durch Smart Contracts können Nutzungszeiten festgelegt und automatisiert abgerechnet werden. Eigentumsverhältnisse lassen sich über Tokens klar identifizieren (Gatteschi et al., 2020, S. 104).

Literatur

Abdelkafi, N., Pero, M., & Pech, F. (2019). Die Wechselwirkungen zwischen Supply Chain und Business Model Innovationen: Ergebnisse einer Interviewstudie. In M. Schröder & K. Wegner (Hrsg.), *Logistik im Wandel der Zeit – Von der Produkti-onssteuerung zu vernetzten Supply Chains. Festschrift für Wolfgang Kersten zum 60.* Geburtstag (S. 3–22). Wiesbaden: Springer Fachmedien Wiesbaden.

Abeyratne, S. A., & Monfared, R. P. (2016). Blockchain ready manufacturing supply chain using distributed ledger. *International Journal of Research in Engineering and Technology, 5*(9), 1–10.

acatech. (2018). *Blockchain.* acatech HORIZONTE.

Adam, K. (2020). *Blockchain-Technologie für Unternehmensprozesse. Sinnvolle Anwendung der neuen Technologie in Unternehmen.* Springer Gabler.

Adema, J., Groten, M., Reschke, J., & Starick, J. (2015). Potenziale der Digitalisierung der Supply Chain.

Androulaki, E., Barger, A., Bortnikov, V., Cachin, C., Christidis, K., de Caro, A., Enyeart, D., Ferris, C., Laventman, G., Manevich, Y., Muralidharan, S., Murthy, C., & Nguyen, B. (Hrsg.). (2018). *Hyperledger fabric: a distributed operating system for permissioned blockchains.* Hyperledger Fabric Whitepaper.

Appelfeller, W., & Feldmann, C. (2018). *Die digitale Transformation des Unternehmens. Systematischer Leitfaden mit zehn Elementen zur Strukturierung und Reifegradmessung.* Springer.

Attaran, M., & Gunasekaran, A. (2019). *Applications of blockchain technology in business.* Springer International Publishing.

Baumgartner, R. J. (2017). Nachhaltiges Produktmanagement durch die Kombination physischer und digitaler Produktlebenszyklen als Treiber für eine Kreislaufwirtschaft. In T. Redlich, M. Moritz & J. P. Wulfsberg (Hrsg.), *Interdisziplinäre Perspektiven Zur Zukunft der Wertschöpfung* (S. 347–360). Gabler.

Behner, P., Hecht, M.-L., & Wahl, F. (2017). *Fighting counterfeit pharmaceuticals. New defenses for an underestimated-and growing-menace.* Strategy&PwC.

Berghoff, C., Gebhardt, U., Lochter, M., & Maßberg, S. (2019). *Blockchain sicher gestalten. Konzepte, Anforderungen, Bewertungen.* Springer.

Bocek, T., Rodrigues, B. B., Strasser, T., & Stiller, B. (Hrsg.). (2017). *Blockchains everywhere-a use-case of blockchains in the pharma supply-chain.* IEEE.

Bräkling, E., Lux, J., & Oidtmann, K. (2020). *Logistikmanagement. Mit Logistik-Power schnell, schlank und fehlerfrei liefern.* Springer Fachmedien Wiesbaden; Imprint: Springer Gabler.

Bretzke, W.-R. (2020). *Logistische Netzwerke.* Springer Berlin Heidelberg; Imprint: Springer Vieweg.

Brown, J. R., & Guiffrida, A. L. (2014). Carbon emissions comparison of last mile delivery versus customer pickup. *International Journal of Logistics Research and Applications, 17*(6), 503–521.

Bundesnetzagentur. (2019).: Die Blockchain-Technologie. Potenziale und Herausforderungen in den Netzsektoren Energie und Telekommunikation.

Buterin, V. (2015). *A next generation smart contract & decentralized application platform.* Ethereum Whitepaper. Ethereum Foundation.

CSCMP. (2013). Supply Chain Management. Terms and Glossary. https://cscmp.org/CSCMP/Educate/SCM_Definitions_and_Glossary_of_Terms/CSCMP/Educate/SCM_Definitions_and_Glossary_of_Terms.aspx. Zugegriffen am 28.04.2021.

Dapp, M. M. (2019). Toward a sustainable circular economy powered by Community-Based Incentive Systems. In H. Treiblmaier & R. Beck (Hrsg.), *Business transformation through blockchain* (S. 153–182). Palgrave Macmillan.

Dedeoglu, V., Jurdak, R., Dorri, A., Lunardi, R. C., Michelin, R. A., & Zorzo, A. F. (2020). Blockchain Technologies for IoT. In S. Kim & G. C. Deka (Hrsg.), *Advanced applications of blockchain technology* (S. 55–90). Springer.

Dhillon, V., Metcalf, D., & Hooper, M. (2017). *Blockchain enabled applications. Understand the blockchain ecosystem and how to make it work for you.* Apress.

Do, H. T., Hoiczyk, C., & Uckelmann, D. (2019). Blockchain – Anwendungen in Logistik und Supply Chain: Funktionsweise, Use Cases und Leitfaden für Unternehmen. *Zeitschrift für wirtschaftlichen Fabrikbetrieb, 114*(10), 617–620.

Dujak, D., & Sajter, D. (2019). Blockchain applications in supply chain. In A. Kawa & A. Maryniak (Hrsg.), *SMART supply network* (S. 21–46). Springer International Publishing.

Düring, T., & Fisbeck, H. (2017). Einsatz der Blockchain-Technologie für eine transparente Wertschöpfungskette. In A. Hildebrandt & W. Landhäußer (Hrsg.), *CSR und Digitalisierung. Der digitale Wandel als Chance Der digitale Wandel als Chance und Herausforderung für Wirtschaft und Gesellschaft* (S. 449–464). Springer.

Eßig, M., Hofmann, E., & Stölzle, W. (2013). *Supply chain management.* Vahlen.

Faber, N., & Jonker, J. (2019). At your service: How can blockchain be used to address societal challenges? In H. Treiblmaier & R. Beck (Hrsg.), *Business transformation through blockchain* (S. 209–232). Palgrave Macmillan.

Fill, H.-G., & Meier, A. (2020). *Blockchain kompakt. Grundlagen, Anwendungsoptionen und kritische Bewertung.* Springer Vieweg.

Fischer, C., Fiedler, I., & Babenko, L. (2019). Blockchain-Technologie im Handel der Zukunft. In G. Heinemann, H. M. Gehrckens & T. Täuber (Hrsg.), *Handel mit Mehrwert. Digitaler Wandel in Märkten, Geschäftsmodellen und Geschäftssystemen* (S. 441–471). Springer/Springer Fachmedien.

Fridgen, G., Guggenberger, N., Hoeren, T., Prinz, W., Urbach, N., Baur, J., Brockmeyer, H., Gräther, W., Rabovskaja, E., & Schlatt, V. (2019). *Chancen und Herausforderungen von DLT (Blockchain) in Mobilität und Logistik.* Bundesministerium für Verkehr und digitale Infrastruktur.

Gatteschi, V., Lamberti, F., & Demartini, C. (2020). Blockchain technology use cases. In S. Kim & G. C. Deka (Hrsg.), *Advanced applications of blockchain technology* (S. 91–114). Springer.

Gentemann, L. (2019). *Blockchain in Deutschland–Einsatz, Potenziale, Herausforderungen.* Bitkom e. V.

Greenspan, G. (2015). *Multichain private blockchain. MultiChain Whitepaper.* Coin Sciences Ltd.

Grün, O., & Brunner, J.-C. (2013). Das Aufgabenfeld der Beschaffung. In S. Kummer (Hrsg.), *Grundzüge der Beschaffung, Produktion und Logistik* (wi – Wirtschaft, 2. Aufl., S. 89–161). Pearson Studium.

Guggenberger, T., Schweizer, A., & Urbach, N. (2020). Improving interorganizational information sharing for vendor managed inventory: Toward a decentralized information hub using Blockchain Technology. *IEEE Transactions on Engineering Management, 67*(4), 1074–1085.

Gürpinar, T., Harre, S., Henke, M., & Saleh, F. (2020). *Blockchain technology – Integration in supply chain processes.* In: Proceedings of the Hamburg International Conference of Logistics (HICL)/Data Science and Innovation in Supply Chain Management. How Data Transforms the Value Chain (Data science and innovation in supply chain management), 2. September, Hamburg.

Hansen, P., Britze, N., Winkelmann, M., Steguweit, H.-D., Gvozdiakova, V., & Horn, M. (2019). *Evaluierung und Implementierung von Blockchain Use Cases. Leitfaden.* Bundesverband Informationswirtschaft, Telekommunikation und neue Medien e. V.

Hartel, D. H. (2019). Einordnung und Grundlagen des Projektmanagements in der Logistik. In D. H. Hartel (Hrsg.), *Projektmanagement in Logistik und Supply Chain Management. Praxisleitfaden mit Beispielen aus Industrie, Handel und Dienstleistung* (S. 3–45). Springer Gabler.

Hausladen, I. (2020). *IT-gestützte Logistik. Systeme – Prozesse – Anwendungen.* Springer Fachmedien Wiesbaden; Imprint: Springer Gabler.

Hearn, M., & Brown, R. G. (2019). *Corda: A distributed ledger.* Corda Technical Whitepaper. R3.

Helmke, B. (2019). Digitalisierung in der Logistik. In D. H. Hartel (Hrsg.), *Projektmanagement in Logistik und Supply Chain Management. Praxisleitfaden mit Beispielen aus Industrie, Handel und Dienstleistung* (S. 183–207). Springer Gabler.

Henke, M., & Hegmanns, T. (2020). Geschäftsmodelle für die Logistik 4.0: Herausforderungen und Handlungsfelder einer grundlegenden Transformation. In M. ten Hompel, T. Bauernhansl & B. Vogel-Heuser (Hrsg.), *Handbuch Industrie 4.0. Band 3: Logistik* (S. 543–553). Springer; Springer Berlin Heidelberg; Imprint: Springer Vieweg.

Henke, M., Schulte, A. T., & Jakob, S. (2020). Blockchain-basiertes Supply Chain Management. In M. ten Hompel, T. Bauernhansl & B. Vogel-Heuser (Hrsg.), *Handbuch Industrie 4.0. Band 3: Logistik* (S. 599–615). Springer/Imprint: Springer Vieweg.

Hinckeldeyn, J. (2019). *Blockchain-Technologie in der Supply Chain. Einführung und Anwendungsbeispiele.* Springer Vieweg.

Hofmann, J. (2020). Ausgewählte technologische Grundlagen. In L. Fend & J. Hofmann (Hrsg.), *Digitalisierung in Industrie-, Handels- und Dienstleistungsunternehmen. Konzepte – Lösungen – Beispiele* (S. 3–40). Springer Gabler/ProQuest Ebook Central.

Huth, M., Knauer, C., & Ruf, T. (2019). *Digitalisierung in Supply Chains. BME-Logistikumfrage.* BME e.V.

Iansiti, M., & Lakhani, K. R. (2017). The Truth about Blockchain: It will take years to transform business, but the journey begins now. *Harvard Business Review, 95*, 118–127.

Jakob, S., Schulte, A. T., Sparer, D., Koller, R., & Henke, M. (2018). *Blockchain und Smart Contracts: Effiziente und sichere Wertschoepfungsnetzwerke* [Whitepaper] Stuttgart: Fraunhofer Gesellschaft.

Kersten, W., Seiter, M., von See, B., Hackius, N., & Maurer, T. (2017). *Chancen der digitalen Transformation. Trends und Strategien in Logistik und Supply Chain Management.* DVV Media Group GmbH.

Kille, C. (2020). Digital Supply Chain Management. In L. Fend & J. Hofmann (Hrsg.), *Digitalisierung in Industrie-, Handels- und Dienstleistungsunternehmen. Konzepte – Lösungen – Beispiele* (S. 121–133). Springer Gabler/ProQuest Ebook Central.

Klingholz, L., Holtel, S., & Hartmann, T. (2018). *Digitalisierung gestalten mit dem Periodensystem der Künstlichen Intelligenz. Ein Navigationssystem für Entscheider. o.O.: Bundesverband Informationswirtschaft.* Telekommunikation und neue Medien e. V.

Konstantinidis, I., Siaminos, G., Timplalexis, C., Zervas, P., Peristeras, V., & Decker, S. (2018). Blockchain for business applications: A systematic literature review. In W. Abramowicz & A. Paschke (Hrsg.), *Business information systems* (S. 384–399). Springer International Publishing.

Kshetri, N. (2018). Blockchain's roles in meeting key supply chain management objectives. *International Journal of Information Management, 39,* 80–89.

Kubach, U. (2020). Device Clouds: Cloud-Plattformen schlagen die Brücke zwischen Industrie 4.0 und dem Internet der Dinge. In M. ten Hompel, T. Bauernhansl & B. Vogel-Heuser (Hrsg.), *Handbuch Industrie 4.0. Band 3: Logistik* (S. 285–303). Springer/Imprint: Springer Vieweg.

Lacity, M. C. (2018). Addressing key challenges to making enterprise blockchain applications a reality. *MIS Quarterly Executive, 17*(3), 201–222.

Larson, P. D., & Halldorsson, A. (2004). Logistics versus supply chain management: An international survey. *International Journal of Logistics Research and Applications, 7*(1), 17–31.

Léopold, E. (2018). *Blockchain in aviation. Exploring the fundamentals, use cases, and industry initiatives.* Whitepaper. o.O.

Liebetruth, T. (2020). *Prozessmanagement in Einkauf und Logistik. Instrumente und Methoden für das Supply Chain Process Management.* Springer Fachmedien Wiesbaden; Imprint: Springer Gabler.

Mazieres, D. (2016). *The stellar consensus protocol: A federated model for internet-level consensus.* Stellar Whitepaper. Stellar Development Foundation.

Meinel, C., & Gayvoronskaya, T. (2020). *Blockchain. Hype oder innovation.* Universitätsverlag Potsdam.

Mika, B., & Goudz, A. (2020). *Blockchain-Technologie in der Energiewirtschaft. Blockchain als Treiber der Energiewende.* Springer/Springer Vieweg.

Morabito, V. (2017). *Business innovation through blockchain. The B3 perspective.* Springer.

Muchna, C., Brandenburg, H., Fottner, J., & Gutermuth, J. (2018). *Grundlagen der Logistik. Begriffe, Strukturen und Prozesse.* Springer Gabler.

Ocean Protocol Foundation. (2019). *Ocean Protocol: A Decentralized Substrate for AI Data & Services.* Ocean protocol Technical Whitepaper. Ocean Protocol Foundation.

Perboli, G., Musso, S., & Rosano, M. (2018). Blockchain in logistics and supply chain: A lean approach for designing real-world use cases. *Ieee Access, 6,* 62018–62028.

Petersen, M., Hackius, N., & von See, B. (2018). Mapping the sea of opportunities: Blockchain in supply chain and logistics. *Information Technology, 60*(5–6), 263–271.

Piekenbrock, D. (Hrsg.). (2014). *Kompakt-Lexikon Wirtschaft. 5.400 Begriffe nachschlagen, verstehen, anwenden.* Springer Gabler.

Popov, S. (2018). *The tangle.* IOTA Whitepaper. IOTA Foundation.

Porter, M. E., & Heppelmann, J. E. (2014). How smart, connected products are transforming competition. *Harvard Business Review, 92*(11), 1–23.

Prinz, W., Rose, T., Osterland, T., & Putschli, C. (2018). Blockchain. In Reimund Neugebauer (Hrsg.), *Digitalisierung. Schlüsseltechnologien für Wirtschaft & Gesellschaft* (S. 311–319). Springer.

Pur, S. (2019). *Leitfaden. Blockchain in der Praxis: Funktionsweise und Anwendungsfälle.* Universität Regensburg.

Raj, P., & Deka, G. C. (Hrsg.). (2018). *Blockchain technology. Platforms, tools and use cases.* Academic Press an imprint of Elsevier.

Rawat, D. B., Chaudhary, V., & Doku, R. (2019). Blockchain: Emerging applications and use cases. In: *arXiv* preprint arXiv:1904.12247.

Rosenberger, P. (2018). *Bitcoin und Blockchain. Vom Scheitern einer Ideologie und dem Erfolg einer revolutionären Technik.* Springer Vieweg.

Saberi, S., Kouhizadeh, M., Sarkis, J., & Shen, L. (2019). Blockchain technology and its relationships to sustainable supply chain management. *International Journal of Production Research, 57*(7), 2117–2135.

Saghiri, A. M., Gholizadeh, K., Abadi, H., & Vahdati, M. (2020). The Internet of Things, Artificial The Internet of Things, Artificial Intelligence, and Blockchain: Implementation perspectives. In S. Kim & G. C. Deka (Hrsg.), *Advanced applications of blockchain technology* (S. 15–54). Springer.

Schacht, S., & Lanquillon, C. (2020). *Blockchain und Maschinelles Lernen. Wie das Maschinelle Lernen und die Distributed-Ledger-Technologie Voneinander Profitieren.* Springer Vieweg. in Springer Fachmedien Wiesbaden GmbH.

Schiffer, M., Wiendahl, H.-H., Saretz, B., Lickefett, M., Pietrzak, G., Forstmann, B. (2020). *Supply Chain Management 2040. Wie verändert sich die Logistik in der Zukunft?* [Whitepaper] Stuttgart: Fraunhofer Gesellschaft.

Schlatt, V., Schweizer, A., Urbach, N., & Fridgen, G. (2016). *Blockchain: Grundlagen, Anwendungen und Potenziale*; Discussion Paper. Fraunhofer FIT:1–54. https://www.fim-rc. de/Paperbibliothek/Veroeffentlicht/642/wi-642.pdf. Zugegriffen am 09.12.2021.

Schuh, G., & Riesener, M. (2018). *Produktkomplexität managen. Strategien – Methoden – Tools.* Hanser.

Schütte, J., Fridgen, G., Prinz, W., Rose, T., Urbach, N., Hoeren, T., Guggenberger, N., Welzel, C., Holly, S., & Schulte, A. (2017). *Blockchain und Smart Contracts Technologien, Forschungsfragen und Anwendungen: Technologien, Forschungsfragen und Anwendungen* [Whitepaper] Stuttgart: Fraunhofer Gesellschaft.

Schweizer, A., Knoll, P., Urbach, N., von der Gracht, H. A., & Hardjono, T. (2020). To what extent will blockchain drive the machine economy? Perspectives from a prospective study. *IEEE Transactions on Engineering Management, 67*(4), 1169–1183.

Singh, R., Dwivedi, A. D., & Srivastava, G. (2020). Internet of things based blockchain for temperature monitoring and counterfeit pharmaceutical prevention. *Sensors, 20*(14), 3951.

Sixt, E. (2017). *Bitcoins und andere dezentrale Transaktionssysteme.* Springer Fachmedien.

Sohrt, S., Heinke, A., Shchekutin, N., Eilert, B., & Overmeyer, L. (2020). Kleinskalige, cyberphysische Fördertechnik. In M. ten Hompel, T. Bauernhansl & B. Vogel-Heuser (Hrsg.), *Handbuch Industrie 4.0. Band 3: Logistik* (S. 13–40). Springer/Imprint: Springer Vieweg.

Stahlbock, R., Heilig, L., Cammin, P., & Voß, S. (2020). Blockchain in der maritimen Logistik. In H.-G. Fill & A. Meier (Hrsg.), *Blockchain. Grundlagen, Anwendungsszenarien und Nutzungspotenziale* (S. 235–256). Springer Vieweg/ProQuest Ebook Central.

Stölzle, W., Schmidt, T., Kille, C., Schulze, F., & Wildhaber, V. (2018). *Digitalisierungswerkzeuge in der Logistik: Einsatzpotenziale, Reifegrad und Wertbeitrag. Impulse für Investitionsentscheidungen in die Digitalisierung – Erfolgsgeschichten und aktuelle Herausforderungen.* Cuvillier.

Subramanian, N., Chaudhuri, A., & Kayıkcı, Y. (2020). *Blockchain and supply chain logistics. Evolutionary case studies.* Palgrave Macmillan.

Swan, M. (2015). *Blockchain: Blueprint for a new economy.* O'Reilly & Associates.

Tijan, E., Aksentijević, S., Ivanić, K., & Jardas, M. (2019). Blockchain technology implementation in logistics. *Sustainability, 11*(4), 1185.

Toy, J., Gesing, B., Ward, J., Noronha, J., & Bodenbenner, P. (2020). *The Logistics Trend Radar 5th Edition. Delivering insight today, creating value tomorrow.* DHL Trend Research.

Trauth, D., Niemietz, P., Mayer, J., Beckers, A., Prinz, W., Williams, R., & Bergs, T. (2020). *Distributed Ledger Technologien im Rheinischen Revier in Nordrhein-Westfalen.* Produzierende Industrie 2020. Werkzeugmaschinenlabor (WZL) der RWTH Aachen University.

Treiblmaier, H., & Clohessy, T. (Hrsg.). (2020). *Blockchain and distributed ledger technology use cases. Applications and lessons learned.* Springer.

Urban, N. T. (2020). *Blockchain for Business. Erfolgreiche Anwendungen und Mehrwerte für Netzwerkteilnehmer identifizieren.* Springer Gabler.

Verhoeven, P., Sinn, F., & Herden, T. T. (2018). Examples from blockchain implementations in logistics and supply chain management: Exploring the mindful use of a new technology. *Logistics, 2*(3), 1–19.

Voshmgir, S. (2016). *Blockchains, Smart Contracts und das Dezentrale Web.* Technologiestiftung Berlin.

Wang, Y., Han, J. H., & Beynon-Davies, P. (2019). Understanding blockchain technology for future supply chains: A systematic literature review and research agenda. *Supply Chain Management: An International Journal, 24*(1), 62–84.

Warburg, B., Serres, T., & Wagner, B. (2019). *The basics of blockchain.* Animal Ventures LLC.

Weking, J., Mandalenakis, M., Hein, A., Hermes, S., Böhm, M., & Krcmar, H. (2020). The impact of blockchain technology on business models – A taxonomy and archetypal patterns. *Electronic Markets, 30*(2), 285–305.

Werner, H. (2020). *Supply Chain Management. Grundlagen, Strategien, Instrumente und Controlling.* Springer Fachmedien/Imprint: Springer Gabler.

Weuthen, J. (2019). Das goldene Zeitalter des Konsumenten – Wie die Digitalisierung, der demografische Wandel und die Veränderung der Werte unserer Gesellschaft das Konsumentenverhalten beeinflussen. In G. Heinemann, H. M. Gehrckens & T. Täuber (Hrsg.), *Handel mit Mehrwert. Digitaler Wandel in Märkten, Geschäftsmodellen und Geschäftssystemen* (S. 107–134). Springer/Springer Fachmedien.

Wittenberg, S. (2020). *Blockchain für Unternehmen. Anwendungsfälle und Geschäftsmodelle für die Praxis.* Schäffer-Poeschel.

Wurll, C. (2020). Das bewegliche Lager auf Basis eines cyber-physischen Systems. In M. ten Hompel, T. Bauernhansl & B. Vogel-Heuser (Hrsg.), *Handbuch Industrie 4.0. Band 3: Logistik* (S. 41–80). Springer/Imprint: Springer Vieweg.

Wust, K., & Gervais, A. (2018). Do you Need a Blockchain? In E. G. Sirer, A. Gervais & A. Denzler (Hrsg.), *2018 Crypto Valley Conference // 2018 Crypto Valley Conference on Blockchain Technology. CVCBT 2018: 20-22 June 2018, Zug, Switzerland: proceedings* (S. 45–54). IEEE.

Zehbold, C. (2020). Product Lifecycle Management (PLM) im Kontext von Industrie 4.0. In L. Fend & J. Hofmann (Hrsg.), *Digitalisierung in Industrie-, Handels- und Dienstleistungsunternehmen. Konzepte – Lösungen – Beispiele* (S. 79–100). Springer Gabler/ProQuest Ebook Central.

Darstellung ausgewählter Blockchain-Anwendungen im Supply Chain Management

3

In Abschn. 3.1 werden zunächst Grundlagen zu Mustern, ihrer Identifikation und deren Vorteilen vermittelt. Im darauffolgendne Abschn. 3.2 werden ausgewählte Blockchain-Anwendungen ermittelt. Hierfür werden Anwendungsbeispiele aus der Praxis recherchiert und gesammelt. Mithilfe von Leitfragen sollen besonders relevante Anwendungsbeispiele aus der Gesamtzahl aller Anwendungen gefiltert werden. Zu den identifizierten Anwendungsfällen werden anschließend gezielt weitere Informationen recherchiert. Ergebnis ist eine Merkmals- und Ausprägungsliste, die die Rohdaten für die in Abschn. 3.3 durchgeführte Clusteranalyse bietet. Die Auswertung der Ergebnisse aus der Clusteranalyse führen zu archetypischen BC-Anwendungen, die gebündelt dargestellt werden.

3.1   Grundlagen zur Musteridentifikation

In diesem Abschnitt werden Muster von Blockchain-Anwendungen aus der Praxis identifiziert und dargestellt. Diese werden im Rahmen dieses Buches als archetypische Blockchain-Anwendungen bezeichnet. Der Begriff *archetypisch* ist an die Studie von Weill et al. (2005) angelehnt, die den Begriff zur Kategorisierung von Geschäftsmodellen verwenden (Weill et al., 2005).

Die Erarbeitung und Anwendung von Mustern ist in der Literatur domänenübergreifend verbreitet und gut dokumentiert. Als Beispiele für die Nutzung von Mustern nennt Amshoff (2016) Architektur, Softwaretechnik, Ingenieurswissenschaften sowie strategisches Management (Amshoff, 2016, S. 30 f.). Muster stellen dabei eine generische Lösung für wiederkehrende Probleme dar. Dies entspricht der häufig zitierten Definition des Architekturhistorikers (Alexander et al., 1977):

„Each pattern describes a problem which occurs over and over again in our environ-
ment, and then describes the core of the solution, in such a way that you can use this
solution a million times over, without ever doing it the same way twice." (Alexander
et al., 1977, S. X)

Die Erarbeitung und Nutzung von Mustern weist eine Vielzahl an Vorteilen auf. In
einer Analyse stellt Anacker (2016) die folgenden sechs Vorteile lösungsmusterbasierten Problemlösens vor: *Übertragbarkeit, Verbesserung der Kommunikation,
langfristige Dokumentation, Komplexitätsreduktion, Effizienzsteigerung und Förderung der Kreativität* (Anacker, 2016, S. 35 f.). Im Folgenden soll kurz auf die für
diese Arbeit relevantesten Vorteile eingegangen werden.

Übertragbarkeit: Mit Mustern kann implizites Wissen (z. B. verwendete
Blockchain) Dritten zur Verfügung gestellt werden. Da der Aufbau eines Musters
einer einheitlichen Struktur unterliegt, kann das damit repräsentierte Wissen auf
andere Bereiche (z. B. Unternehmen oder einzelne Produkte) übertragen werden
(Amshoff, 2016, S. 34; Anacker, 2016, S. 35).

Komplexitätsreduktion: Die Aufteilung umfangreicher Problemstellungen in
Teilprobleme, und daraus abgeleitet die Aufteilung von Gesamtlösungen in Teil-
lösungen, senken die Komplexität (Amshoff, 2016, S. 34; Anacker, 2016, S. 35).
Beispielsweise ist die Auswahl einer geeigneten Blockchain-Technologie (vgl.
Tab. 2.1) aus der Vielzahl bestehender Technologien eine Herausforderung. Diese
wird jedoch kleiner, wenn der Lösungsansatz nicht darin liegt, die geeignete Blockchain zu finden, sondern den geeigneten Netzwerktyp, Konsensmechanismus oder
mögliche Programmiersprachen auszuwählen.

Förderung der Kreativität: Im Gegensatz zu detaillierten Lösungen enthalten
Lösungsmuster abstrahierte und generalisierte Informationen über die
Problem-Lösungskombination. Aufgrund ihrer verallgemeinerten Form erfordert
der Mustereinsatz stets eine Anpassung an das spezifische Problem und setzt eine
gewisse Kreativität voraus. Für die Lösung von Problemen können Muster als
wertvolle Impulsgeber und Inspirationsquelle dienen (Amshoff, 2016, S. 34; Anacker, 2016, S. 36).

Die Musteridentifikation beschreibt das Entdecken von beobachtbaren Mustern
in der Realität, die zur Lösung eines vorherrschenden Problems eingesetzt werden.
Nach Alexander (1979) werden drei Ansätze zur Musteridentifikation unterschieden: *Beobachtung und Analyse guter Beispiele* (induktiv), *Ableitung auf Basis
abstrakter Argumente* (deduktiv) und die Mischform als *Beobachtung und Analyse
schlechter Beispiele* (induktiv) und anschließende *Herleitung einer Lösung* (deduktiv). Beim induktiven Vorgehen schließt man von der speziellen Lösung auf

eine allgemeine Lösung (Muster), indem durch die Beobachtung mehrerer Einzelfälle invariante Eigenschaften ermittelt werden, womit ein Muster identifiziert werden kann (Alexander, 1979, S. 258 ff.; Amshoff, 2016, S. 35 f.). Im Rahmen dieser Arbeit wird dieses Vorgehen verfolgt. Die rechnergestützte Musteridentifikation wird als Data Mining bezeichnet und von Bissantz und Hagedorn (2009) als *Datenmustererkennung* übersetzt. Das Data Mining nutzt Methoden der Statistik, um Regelmäßigkeiten und Abhängigkeiten in Datenbeständen zu untersuchen. Nach Bissantz und Hagedorn (2009) können Muster als eine Kombination aus Merkmalsausprägungen interpretiert werden (Bissantz & Hagedorn, 2009, S. 139). Im nachfolgenden Abschnitt sollen daher die verschiedenen in der Praxis eingesetzten Blockchain-Anwendungen über Merkmalsausprägungen beschrieben werden.

3.2 Identifikation ausgewählter Blockchain-Anwendungen in der Praxis

In diesem Abschnitt werden praktische Blockchain-Anwendungen identifiziert, die als Rohdaten für die Ableitung archetypischer BC-Anwendungen dienen. Es folgt eine Kurzbeschreibung des Rechercheprozesses (Abschn. 3.2.1) und des Klassifizierungsprozesses (Abschn. 3.2.2).

3.2.1 Recherche von Anwendungsfällen

Ausgangsbasis für die Recherche stellen bereits jene Literaturquellen dar, die in der Themenfindung und theoretischen Ausarbeitung auf Anwendungsfälle in der Praxis referenzieren. Das Quellenmaterial lässt sich dabei in Bücher, Studien und wissenschaftliche Paper einordnen. Als weitere Recherchequelle werden Webseiten der in Tab. 2.1 vorgestellten Basistechnologien genutzt. Die verschiedenen Stiftungen und Konsortien, wie beispielsweise Ethereum oder Hyperledger, verfolgen zwar verschiedene Zielsetzungen und weisen technologische Unterschiede auf, sind jedoch an einer Skalierung ihrer Blockchain-Systeme interessiert. Zum Zwecke der Skalierung stellen sie häufig ihre Anwendungsfälle (engl. Use Cases) als generische Lösungen auf ihren Webseiten vor.

Die Recherche für dieses Buch führte zu insgesamt 64 verschiedenen BC-Anwendungsbeispielen. Diese sind in einer Longlist zusammengetragen, mit einer Kurzbeschreibung erläutert und ihrer Branche zugeordnet.

3.2.2 Klassifikation der identifizierten Anwendungsfälle

Aus einer ersten Überprüfung und Detailbetrachtung der in Abschn. 3.2.1 recherchierten Anwendungsfälle zeigt sich, dass nicht alle Anwendungen für die Erreichung der Ziele geeignet sind. Beispielsweise werden in Publikationen einerseits nur vereinzelt Unternehmen aufgelistet, die lediglich durch ihren Einsatz der BC-Technologie herausstechen und keinen Bezug zum SCM aufweisen. Anderseits werden nicht die Unternehmen herausgestellt, die die BC-Technologie im Betrieb erproben und einsetzen, sondern vielversprechende Start-ups oder Digitalkonzerne wie IBM, welche die Anwender zur Umsetzung der Blockchain befähigen (Gentemann, 2019, 64 f.; Petersen et al., 2018, 4 ff.; Wang et al., 2019, 68 f.; Wust & Gervais, 2018, 47 ff.).

Deshalb sollen nur jene BC-Anwendungsbeispiele betrachtet werden, die sowohl einen Bezug zum SCM aufweisen als auch von Anwenderunternehmen eingesetzt werden. Zu diesem Zweck wird das Checklistenverfahren eingesetzt, um die beiden KO-Kriterien in Form von *Leitfragen* zu überprüfen (Alznauer & Krafft, 2004, S. 1061). Es erfolgt eine Bewertung der Anwendungsfälle nach den folgenden Leitfragen:

Ist der Anwendungsfall dem Einkaufs- und Supply Chain Management zuzuordnen?
Ist das Unternehmen ein Anwenderunternehmen?

Nach Beantwortung der Leitfragen verringert sich die Anzahl von 64 auf 40 relevante BC-Anwendungen. Somit werden bspw. die Unternehmen Nr. 3 *Everledger ltd.* oder Nr. 34 *Robert Bosch GmbH* im Rahmen dieses Buches nicht weiter untersucht.[1] Beide Anwendungsbeispiele haben entweder keinen SCM-Bezug oder repräsentieren kein Anwenderunternehmen. Jedes Unternehmen, dass beide KO-Kriterien erfüllt und bei dem die Leitfragen mit „*Ja*" beantwortet werden können, wird in eine *Shortlist* überführt. Im Zuge dieser Überführung werden zum Zwecke der Gruppierung individuelle Branchenbezeichnungen nach logischen Aspekten wie der vor- oder nachgelagerten Beziehung in der Lieferkette zusammengefasst. Beispielsweise wird die Automobilzulieferindustrie der *Automobilindustrie* zugeordnet. Folglich sind die Blockchain-Anwendungen einer der folgenden Branchen und Industrien zugeordnet: *Automobilindustrie, Bergbau und Prozessindustrie, Agrar- und Lebensmittelindustrie, Mode- und Textilindustrie, Logistik sowie der Luft- und Raumfahrtindustrie.*

Im nächsten Schritt wird für jedes Unternehmen der Shortlist eine tiefgehende Recherche durchgeführt. Ziel ist es, eine Merkmals- und Ausprägungsliste zu er-

---

[1] Die vollständige Long- und Shortlist kann bei den Autoren angefordert werden.

stellen, mit der archetypische BC-Anwendungen beschrieben werden können. Abb. 3.1 illustriert das Vorgehen für die Identifikation und Klassifizierung der BC-Anwendungen.

Die Merkmals- und Ausprägungsliste beinhaltet 60 Ausprägungen, die ungleichmäßig zwölf Merkmalen zuzuordnen sind. Diese Merkmale ergeben sich einerseits aus den in Kap. 2 vorgestellten und erarbeiteten theoretischen Grundlagen und andererseits aus Implikationen, die bei der Recherche der BC-Anwendungen identifiziert wurden. Beispiele für die Implikation sind die Fragestellungen, wer der Kooperationspartner bei der Entwicklung ist oder wer die Verantwortung für den Betrieb der BC (Serverlandschaft) übernimmt. Im Falle Tradelens handelt es sich bspw. um ein Joint Venture, das aus einer Kooperation des Logistikunternehmens Maersk und des Digitalunternehmens IBM entstanden ist (Gonczol et al., 2020, S. 6). Nachfolgend sollen die Merkmale mit ihren Ausprägungen vorgestellt und kurz beschrieben werden:

Art der Blockchain: Dieses Merkmal weist die Ausprägungen *Public (Permissionless)*, Private (*Consortial*) und Private (*Permissioned*) auf, worunter sich verschiedene Blockchains subsumieren lassen. Es gibt darüber Aufschluss, wie der Zugang zum Blockchain-Netzwerk gestaltet ist und wie im Regelfall Verwaltungsentscheidungen getroffen werden. Außerdem sind je nach Art bereits Lese- und Schreibrechte vordefiniert (Fill & Meier, 2020, S. 139). Die Zuordnung und ausführliche Beschreibung ist Abschn. 2.1.3 zu entnehmen.

Kooperationspartner: Wie oben beschrieben, leitet sich dieses Merkmal mit seinen Ausprägungen aus der Aufnahme der Anwendungsfälle ab. Während der

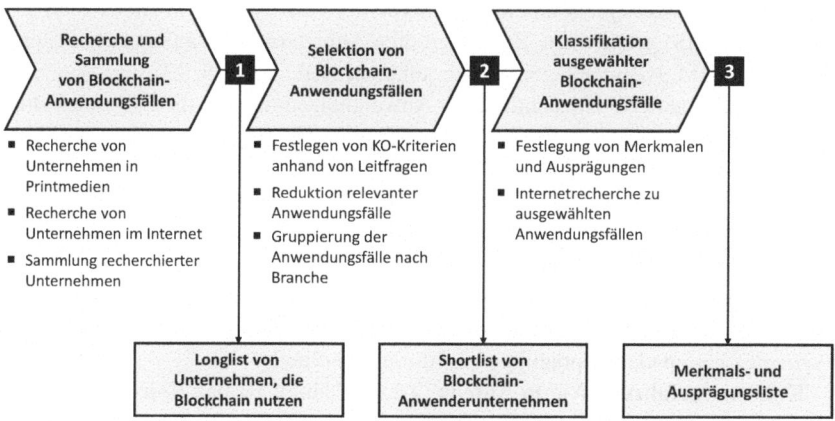

Abb. 3.1 Vorgehen zur Identifikation ausgewählter Blockchain-Anwendungen

Recherche zur Detailbeschreibung der Anwendungsfälle ergaben sich die Ausprägungen *Digitalkonzern, Software Unternehmen, Banken, Start-up sowie Uni-
versitäten und Forschungseinrichtungen.* Eine ähnliche Unterscheidung wählen
auch Petersen et al. (2018), die in ihrer Arbeit unter anderem die Zunahme von
BC-Anwendungen in der Logistik und im SCM dokumentieren. Den Anstieg an
BC-Anwendungen führen sie zum einen auf Blockchain-Start-ups und zum anderen auf Unternehmen zurück, die mithilfe von Kooperationen mit Start-ups,
Digitalkonzernen oder Beratungsunternehmen eine BC-Anwendung implementie-
ren (Petersen et al., 2018, S. 4 f.).

Geografische Skalierung: Auch dieses Merkmal ist mit seinen Ausprägungen
auf Implikationen aus der Recherche zurückzuführen. So lassen sich Anwendungsfälle in ihr geografisches Einsatzgebiet *mit nationalem, kontinentalem und globa-
lem Fokus* einteilen.

Bezug zur Blockchain: Mit diesem Merkmal sollen Akteure beschrieben wer-
den, die an dem Blockchain-Netzwerk partizipieren. Die Ausprägungen *Kunde und
Lieferant* ergeben sich klassischerweise für Supply Chains im engeren Sinne
(Muchna et al., 2018, S. 16). Die Ausprägungen *Dritte* und *Eigene Unternehmens-
gruppe* sind Akteure, die in der Literatur als weitere mögliche Mitglieder eines
SCM-Netzwerks genannt werden. Unter Dritten können Logistikdienstleister,
Zertifizierungsstellen, Behörden und weitere Akteure subsumiert werden, die nicht
in klassischer Weise dem SCM zuzuordnen sind.

Entwicklung der Blockchain: Hier sind drei Ausprägungen zu unterscheiden,
die Eigene Entwicklung, die kooperative Entwicklung und der Fremdbezug der
Blockchain. Für den Fremdbezug einer Blockchain als Komplettlösung von einem
Digitalkonzern oder einem kleineren Unternehmen wird auch von Blockchain-as-
a-Service (BaaS) gesprochen. Zu den größten Anbietern von BaaS gehören bspw.
Microsoft, IBM, HP, Oracle, SAP (Subramanian et al., 2020, S. 17).

Anwendungstiefe: Hinsichtlich der Anwendungstiefe sind die folgenden drei
Ausprägungen festgelegt: *Forschungsprojekt/Pilotprojekt, Erster Use Case und
Etablierte Anwendung.* Diese Struktur ist angelehnt an Gonczol et al. (2020), die in
ihrer Arbeit eine ähnliche Zuordnungsstruktur für die Bestimmung der Reife von
BC-Projekten wählen (Gonczol et al., 2020, S. 10).

Basistechnologie: In Tab. 2.1 aus Abschn. 2.1.2 ist eine Übersicht gängiger
Blockchain-Systeme zusammengetragen, die von Unternehmen eingesetzt werden.
Die sieben Basistechnologien, wie bspw. *Ethereum, Hyperledger Fabric, Multi-
chain* etc., gelten als Ausprägungen für dieses Merkmal.

Konsensverfahren: Wie in Abschn. 2.1.2 erläutert, ist das Konsensverfahren
ein wesentliches Element einer Blockchain, woraus sich einzelne Potenziale für

das SCM ergeben. Für dieses Merkmal lassen sich acht Ausprägungen für verschiedene Konsensmechanismen identifizieren, wie bspw. *PoW, PoS* oder *PoA*.

Ergänzende Technologien: Dieses Merkmal weist folgende Ausprägungen auf: *Keine, Internet-of-Things (IoT), künstliche Intelligenz, Digitaler Zwilling, Cloud Computing sowie Digital Identifiers.* Häufig wird im Zusammenhang mit Blockchains auf eine oder mehrere dieser Technologien zurückgegriffen, um das volle Potenzial auszuschöpfen. Die Gemeinsamkeit dieser Technologien besteht darin, dass sie erforderliche Daten für die Blockchain bereitstellen, analysieren, auswerten oder zweckgebunden einsetzen können. Eine Vielzahl der untersuchten BC-Anwendungen weisen gleichzeitig mehrere dieser Ausprägungen auf.

Zweck der Blockchain-Anwendung: In Abschn. 2.3 wurden neun BC-Anwendungsmöglichkeiten für das SCM detailliert vorgestellt. Diese erfüllen jeweils einen Zweck für das SCM und wurden anhand einer Literaturanalyse identifiziert. Die Anwendungsmöglichkeiten stellen die Ausprägungen des Merkmals „Zweck der Blockchain-Anwendung" dar. Analog zu den ergänzenden Technologien weist ein Großteil der BC-Anwendungen auch für dieses Merkmal mehrere Ausprägungen auf.

Branche: Während der Recherche nach geeigneten BC-Anwendungen und der Erstellung der Longlist wurde ersichtlich, dass die BC-Anwendungen einzelnen oder einer naheliegenden Kombination aus zwei Branchen zugewiesen werden können. Die folgenden Branchen stellen Ausprägungen für dieses Merkmal dar: *Automobilindustrie und Maschinenbau, Agrar- und Lebensmittelindustrie, Mode und Textilindustrie, Logistik, Bergbau und Prozessindustrie sowie Luft- und Raumfahrtindustrie.*

Betreiber der Blockchain: Bei den betrachteten BC-Anwendungen erfolgt der Betrieb der Blockchain entweder *eigenständig*, über ein *ausgegründetes Start-up*, ein *Joint Venture* oder durch einen Fremdbetreiber.

Sämtliche Merkmale und ihre Ausprägungen werden zeilenweise und die 40 Unternehmen der Shortlist spaltenweise abgetragen. Anhand folgender Fragestellung werden für jedes BC-Anwenderunternehmen die 60 Ausprägungen untersucht und bewertet:

„Wird die Ausprägung in i (Zeile) von dem Unternehmen j (Spalte) erfüllt?"

Wenn ein Unternehmen die Ausprägung erfüllt und die Fragestellung mit „ja" beantwortet, erfolgt die Bewertung mit einer „1". Weist ein Unternehmen diese Ausprägung nicht auf („nein"), wird mit „0" bewertet. Ergebnis ist die Merkmals- und Ausprägungsliste in Form einer Matrix. Des Weiteren erfolgte eine Summenbildung für jede Ausprägung. Tab. 3.1 stellt einen Auszug dar. Die Informationen

Tab. 3.1 Auszug der Merkmals- und Ausprägungsliste für die Klassifikation der Blockchain-Anwendungen

Ausprägungsliste

Fragestellung:
Wird die Ausprägung j (Zeile) von dem Unternehmen j (Spalte) erfüllt?

1 = Ja
0 = nein

Spaltenüberschriften (Unternehmen):

1. Mercedes Benz AG (Cars & Vans)
2. Mercedes Benz AG (Cars & Vans)
3. Daimler AG
4. Daimler Trucks
5. BMW AG
6. Volvo AB (dt. AG)
7. Normdel PAG (dt. AG)
8. Avery Dennison Corp. (dt. AG)
9. Avery Dennison Corp. (dt. AG)
10. A. P. Møller-Mærsk Group
11. Bumble Bee Foods LLC. (dt. AG)
12. Adelph Distillery Ltd. (dt. GmbH)
13. Deutsche Bahn Schenker AG
14. IBK GmbH
15. Afonat Inc. (dt. AG)
16. Boeing Corp. (dt. AG)
17. Honeywell International Inc.
18. Rolls Royce Inc (dt. GmbH)
19. Porsche AG
⋯
38. Pacific International Lines Ltd. (dt. GmbH)
39. Kühne & Nagel International AG
40. KSB SE & Co. KGaA

Callout: *Die Boeing Corp. kooperiert bei seiner Blockchain mit dem Digitalkonzern IBM*

Merkmal	Ausprägung	Nr.	1	2	3	4	5	6	7	8	9	10	11	12	13	14	15	16	17	18	19	⋯	38	39	40	Σ Summe
Art der Blockchain	Public Blockchain (Permissionless)	A1	0	0	0	0	1	0	0	0	1	0	0	0	0	0	1	1	0	0	0	⋯	0	0	0	14
	Private Blockchain (Consortial)	A2	0	0	0	0	0	0	0	0	0	0	0	0	0	0	0	0	0	0	0	⋯	0	0	1	8
	Private Blockchain	A3	1	1	0	1	1	1	1	0	0	1	0	1	0	0	0	0	1	1	0	⋯	1	1	0	18
Kooperationspartner bei der Blockchain	Digitalkonzern (Microsoft Azure, IBM, SAP, Oracle etc.)	A4	0	0	1	1	0	0	1	0	0	0	0	0	0	0	1	1	0	1	0	⋯	1	0	0	10
	Software Unternehmen	A5	1	1	1	1	0	1	1	0	0	1	1	1	0	0	0	0	1	0	1	⋯	0	1	0	26
	Banken	A6	0	0	0	1	0	0	0	0	1	0	0	0	0	0	0	0	0	0	0	⋯	0	0	0	2
	Start-Up	A7	0	1	1	0	0	1	0	1	0	1	0	1	0	0	0	0	0	0	1	⋯	0	0	0	24
	Universität/Forschungseinrichtung	A8	0	0	0	0	1	0	0	0	0	0	0	0	0	0	0	0	0	0	0	⋯	0	0	0	5
⋮	⋮	⋮																				⋯				⋯
Anwendungs-möglichkeiten der BC-Technologie im SCM	Herkunftsnachweis/Ursprungsnachweis	A43	1	1	0	0	0	1	1	1	1	1	1	1	0	1	1	1	1	0	0	⋯	1	1	0	32
	Betrugserkennung / Identifikation von Fälschungen	A44	1	0	0	0	1	0	1	1	1	1	1	0	1	1	1	0	0	1	1	⋯	1	1	0	26
	Compliance-Tracking / Zertifikatsmanagement	A45	1	1	0	0	0	0	0	0	1	1	1	1	1	0	1	1	0	1	0	⋯	1	1	1	29
	Offener Informationszugang und Datenmanagement	A46	1	1	0	0	1	0	0	0	0	1	0	1	0	0	1	1	0	1	0	⋯	1	0	0	22
	Rückverfolgbarkeit des Warenstroms	A47	1	1	0	0	1	0	1	1	1	1	1	0	1	0	1	1	1	0	1	⋯	1	1	0	33
	Überwachung des Produktstatus entlang der Lieferkette	A48	0	0	0	0	0	0	0	0	0	0	0	0	0	0	0	0	0	0	0	⋯	0	0	0	0
Zweck der BC-Anwendung	Smart Contracts	A49	0	1	1	1	0	0	0	1	0	1	0	1	0	0	1	0	0	0	0	⋯	1	1	0	7
	Digitalisierung von Werten (Tokenisierung)	A50	0	0	0	1	1	0	1	0	0	0	0	0	0	0	0	1	0	0	1	⋯	0	0	1	13
	Datenmarktplatz und Handelsplattform über die Blockchain	A51	0	0	1	1	1	1	0	0	0	1	0	0	0	0	0	0	0	0	1	⋯	0	0	0	11
Branche	Automobilindustrie und Maschinenbau	A52	1	1	1	1	1	1	0	0	0	0	0	0	0	0	0	0	0	0	1	⋯	1	0	1	9
	Agrar- und Lebensmittelindustrie	A53	0	0	0	0	0	0	1	1	1	0	1	0	0	0	0	0	0	0	0	⋯	0	0	0	8
	Mode und Textilindustrie	A54	0	0	0	0	0	0	0	1	0	0	0	0	1	0	0	0	0	0	0	⋯	0	0	0	7
	Logistik	A55	0	0	0	0	0	0	0	0	0	1	0	0	0	0	0	0	0	0	0	⋯	0	1	0	5
	Bergbau und Prozessindustrie	A56	0	0	0	0	0	0	0	0	1	0	0	0	0	0	0	0	1	0	0	⋯	0	0	0	6
	Luft- und Raumfahrtindustrie	A57	0	0	0	0	0	0	0	0	0	0	0	0	0	0	0	1	1	1	0	⋯	1	0	0	7
Betreiber der Blockchain	Eigenständig	A58	1	1	0	0	1	1	0	0	0	1	0	0	0	0	0	0	0	0	0	⋯	0	0	0	9
	Ausgegründetes Start-up/Joint Venture	A59	0	0	0	0	0	0	0	0	0	0	0	0	0	0	0	0	0	0	0	⋯	1	0	1	0
	Fremdbetreiber	A60	0	1	1	1	0	0	1	1	1	0	1	1	1	1	0	1	0	1	1	⋯	0	1	0	30

zur Beurteilung der Unternehmen entstammen frei zugänglichen Quellen aus dem Internet und sind im Literaturverzeichnis zu diesem Kapitel zu finden.

3.3 Ableitung und Darstellung archetypischer Blockchain-Anwendungen im Supply Chain Management

Die Ableitung von archetypischen Blockchain-Anwendungen (Muster) ist Gegenstand dieses Abschnitts. Wie bereits in Abschn. 3.1 beschrieben, kann die Musteridentifikation rechnergestützt erfolgen und wird als Data Mining bezeichnet, das Methoden der Statistik einsetzt, um Regelmäßigkeiten und Abhängigkeiten in Datenbeständen zu untersuchen.

In der Vorbereitung dieses Buches wurde die hierarchische Clusteranalyse als geeignetes statistisches Datenanalyseverfahren zur Musteridentifikation identifiziert und durchgeführt. Ziel dieses Verfahrens ist es, Objekte gemäß ihrer Ähnlichkeit zu Clustern (deutsch: Klumpen) zusammenzufassen. Dabei weisen Cluster zwei wesentliche Eigenschaften auf: Einerseits sind Objekte innerhalb eines Clusters besonders homogen, während anderseits Cluster zueinander besonders heterogen sind (Gausemeier & Plass, 2014, 63 f.). Die detaillierte Beschreibung des Vorgehens bei der Clusteranalyse würde den Rahmen dieses Buches sprengen. Sie kann aber separat bei den Autoren angefragt werden.

Es konnten mittels der hierarchischen Clusteranalyse fünf Cluster ermittelt werden. Jedes dieser Cluster repräsentiert eine Gruppe von Blockchain-Anwenderunternehmen, die sich in ihren Merkmalsausprägungen ähneln. Durch die Gruppen soll vom spezifischen Anwendungsfall eines einzelnen Unternehmens auf eine generische BC-Anwendung geschlossen werden. Diese generischen BC-Anwendungen können als archetypisch bezeichnet werden und stellen Muster von BC-Anwendungen dar (vgl. Abschn. 3.1). Damit diese Anwendungsmuster als Inspiration für die Erarbeitung eigener BC-Anwendungen dienen, sollten diese aggregierte Informationen aufweisen, die einen schnellen Überblick über das Potenzial der Blockchain ermöglichen. Für diesen Zweck wurde eine Steckbriefdarstellung gewählt, die einerseits die wesentlichen Elemente der Musterdokumentation und andererseits weitere relevante Informationen beinhaltet. Im Nachfolgenden soll detailliert auf die Elemente des Steckbriefs für die Darstellung archetypischer BC-Anwendungen eingegangen werden. Diese werden am Beispiel des ersten Steckbriefs (Abb. 3.2.) vorgestellt. Die weiteren vier Steckbriefe werden anschließend nur kurz mit ihren wesentlichen Inhalten zusammengefasst.

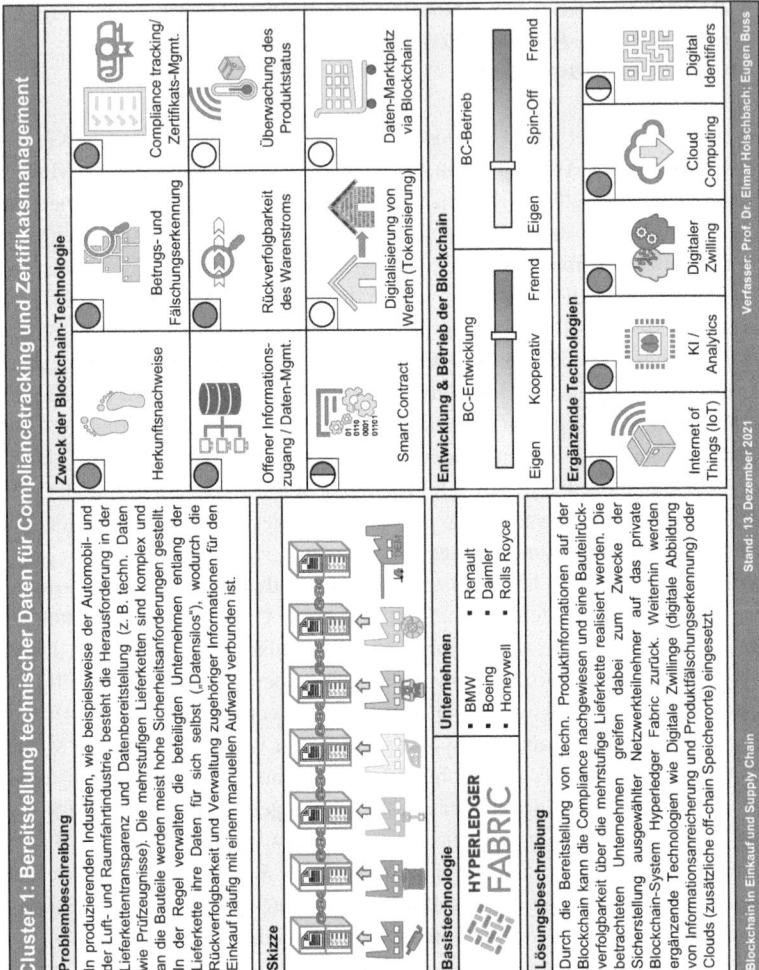

Cluster 1: Bereitstellung technischer Daten für Compliancetracking und Zertifikatsmanagement

Problembeschreibung

In produzierenden Industrien, wie beispielsweise der Automobil- und der Luft- und Raumfahrtindustrie, besteht die Herausforderung in der Lieferkettentransparenz und Datenbereitstellung (z. B. techn. Daten wie Prüfzeugnisse). Die mehrstufigen Lieferketten sind komplex und an die Bauteile werden meist hohe Sicherheitsanforderungen gestellt. In der Regel verwalten die beteiligten Unternehmen entlang der Lieferkette ihre Daten für sich selbst („Datensilos"), wodurch die Rückverfolgbarkeit und Verwaltung zugehöriger Informationen für den Einkauf häufig mit einem manuellen Aufwand verbunden ist.

Skizze

Basistechnologie	Unternehmen	
HYPERLEDGER FABRIC	• BMW • Boeing • Honeywell	• Renault • Daimler • Rolls Royce

Lösungsbeschreibung

Durch die Bereitstellung von techn. Produktinformationen auf der Blockchain kann die Compliance nachgewiesen und eine Bauteilrückverfolgbarkeit über die mehrstufige Lieferkette realisiert werden. Die betrachteten Unternehmen greifen dabei zum Zwecke der Sicherstellung ausgewählter Netzwerkteilnehmer auf das private Blockchain-System Hyperledger Fabric zurück. Weiterhin werden ergänzende Technologien wie Digitale Zwillinge (digitale Abbildung von Informationsanreicherung und Produktfälschungserkennung) oder Clouds (zusätzliche off-chain Speicherorte) eingesetzt.

Zweck der Blockchain-Technologie

- Herkunftsnachweise
- Compliance tracking/ Zertifikats-Mgmt.
- Betrugs- und Fälschungserkennung
- Überwachung des Produktstatus
- Offener Informationszugang / Daten-Mgmt.
- Rückverfolgbarkeit des Warenstroms
- Smart Contract
- Digitalisierung von Werten (Tokenisierung)
- Daten-Marktplatz via Blockchain

Entwicklung & Betrieb der Blockchain

BC-Entwicklung: Eigen – Kooperativ – Fremd
BC-Betrieb: Eigen – Spin-Off – Fremd

Ergänzende Technologien

- Internet of Things (IoT)
- KI / Analytics
- Digitaler Zwilling
- Cloud Computing
- Digital Identifiers

Blockchain in Einkauf und Supply Chain   Stand: 13. Dezember 2021   Verfasser: Prof. Dr. Elmar Holschbach; Eugen Buss

Abb. 3.2 Steckbrief zur archetypischen BC-Anwendung „Compliance Tracking und Zertifikatsmanagement in der Lieferkette"

Nr. und Name: Zu jedem der fünf Cluster wurde ein Steckbrief entworfen und mit einem aussagekräftigen Titel versehen, der das Anwendungsgebiet des jeweiligen Anwendungsmusters anreißt. Der erste Steckbrief zum archetypischen Anwendungsfall *Compliance Tracking und Zertifikatsmanagement in der Lieferkette* verdeutlicht beispielsweise, dass diesem Muster Unternehmen zugeordnet werden, welche die Blockchain für die Einhaltung der Compliance und die Weitergabe von Zertifikaten, Prüfzeugnissen und weiteren qualitätsrelevanten Informationen einsetzen. In diesem Muster finden sich überwiegend Unternehmen aus produzierenden Industrien wie der Automobil- oder Luft- und Raumfahrtindustrie.

Problemstellung: In Anlehnung an Alexander (1979) beschreibt dieses Element die Herausforderungen, denen sich die Unternehmen in dem jeweiligen Cluster stellen. Da in diesem Buch kein technisches und somit klar abgrenzbares Problem, sondern eher Unternehmenstransformationen beleuchtet werden, ist auch das Element Kontext aus der alexandrinischen Form in dem Element *Problembeschreibung* zu verorten. Da jedes Unternehmen in Abhängigkeit seiner Produkte, seiner Branche, seines Wertschöpfungsnetzwerks, seiner Kundenstruktur etc. eigens zu erfüllende Anforderungen hat (z. B. Niedrigpreis- oder Hochpreissegment), wurden in der Problembeschreibung nur Herausforderungen skizziert, die auch alle Unternehmen des Clusters gleichermaßen betreffen. Für den ersten Steckbrief bestehen die Herausforderungen in einer unzureichenden Datenbereitstellung. Entlang mehrstufiger Wertschöpfungsnetzwerke, wie es in der Automobil- oder der Luft- und Raumfahrtindustrie üblich ist, liegen relevante Produkt- und Qualitätsdaten (z. B. techn. Daten wie Produktabmessungen oder Prüfzeugnisse) bei den jeweiligen Unternehmen selbst. In diesem Zuge wird auch von „Datensilos" gesprochen. Wenn an bestimmte Bauteile nun erhöhte Sicherheitsanforderungen gestellt werden oder zum Zwecke der Rückverfolgbarkeit bspw. eine Chargennummer oder ein Fertigungsdatum erforderlich ist, muss der Einkauf die notwendigen Informationen aufwändig beschaffen. Dies kann mit einem erhöhten manuellen Aufwand verbunden sein.

Skizze: Eine grafische Darstellung, wie sie Zimmermann (2008) empfiehlt, unterstützt das Verständnis des Sachverhalts erheblich. Daher wurde mit Piktogrammen der von den Unternehmen erreichte Zielzustand skizziert. Die Darstellung kann dabei eine Illustration der Logistikkette, des kritischen Prozesses oder der wesentlichen Elemente des Wertschöpfungsökosystems darstellen. Für das erste Cluster, das unter anderem aus den Unternehmen BMW, Boeing und Renault besteht, stellt die Skizze die Wertschöpfungskette dar. Jeder Lieferant speichert relevante Informationen zu seinen Komponenten (Materialzeugnisse, Qualitätsdokumente, Prüfzeugnisse etc.) in der Blockchain ab, um eine Datenbereitstellung über den gesamten Produktlebenszyklus bis zum Original Equipment Manufacturer (OEM) zu gewährleisten. So schützt die Manipulationssicherheit der Daten in der Blockchain den OEM im auftretenden Reklamationsfall.

Basistechnologie und Unternehmen: Hier werden die in dem jeweiligen Cluster eingesetzten Basistechnologien (vgl. Tab. 2.1) dokumentiert. Daneben ist eine Auflistung der dem Cluster zugehörigen Unternehmen mit ihren Pilotprojekten, wie z. B. BMW mit Partchain oder Renault mit XCEED (Geißler & Schmitz, 2020; Renault Group, 2020). Von sämtlichen dem Muster zugeordneten Unternehmen wird die private Blockchain Hyperledger Fabric genutzt.

Lösungsbeschreibung: Im Rahmen der Lösungsbeschreibung wird dokumentiert, wie die jeweiligen Unternehmen ihre Herausforderungen mit der Blockchain bewältigt haben und inwieweit die Technologie sie dabei unterstützt. Für das erste Anwendungsmuster kann als Beispiel der Use Case von Honeywell erwähnt werden. Jeder in Frage kommenden Flugzeugkomponente wird eine Art Geburtsurkunde zugeordnet und diese auf der Handelsplattform GoDirekt™ gelistet. Alle weiteren Ereignisse entlang des Lebenszykluses (z. B. Reparaturen, Prüfungen und der Weiterverkauf) werden sukzessiv gespeichert und dem Bauteil zugeordnet. Es entsteht eine chronologische und fälschungssichere Historie aller Ereignisse und Transaktionen (del Castillo, 2020; Hyperledger Foundation, 2021). Ein anderes Beispiel ist das von Renault initiierte Projekt XCEED („Extended Compliance End-to-End Distributed"). An diesem Projekt beteiligten sich auch weitere Unternehmen, wie z. B. Continental, Plastic Omnium, Saint-Gobain und Faurecia. Diese Unternehmen nutzen das BC-System Hyperledger Fabric, um einen sicheren Datenaustausch in Echtzeit zwischen Herstellern und Lieferanten zu ermöglichen und somit schneller auf Kundenanforderungen oder auf strengere regulatorische Vorschriften reagieren zu können. Ziel ist es dabei, eine höhere Reaktionsfähigkeit und insgesamt höhere Effizienz zu realisieren, die ansonsten durch dezentral bei jedem Akteur befindliches Wissen in Form von Datensilos verhindert wurde (Loury, 2020; Rau, 2020a, b; Renault Group, 2020; Stede, 2020).

Zweck der Blockchain-Anwendung: Dieses Element leitet sich aus der Merkmals- und Ausprägungsliste ab und gibt an, wozu die Blockchain im Wesentlichen eingesetzt wird (vgl. Abschn. 2.3). Jeder dieser neun generischen Anwendungszwecke wurde jeweils mit einem vollen, halb vollen und leeren Kreis bewertet, um zu verdeutlichen, welchen Zweck das Cluster mit der Blockchain für seine Supply Chain verfolgt. Ein Vollkreis bedeutet, dass alle dem Cluster gruppierten Unternehmen diese Ausprägung erfüllt haben. Ein leerer Kreis bedeutet hingegen, dass kein Unternehmen diese Ausprägung erfüllt hat. Wenn mindestens 50 % der dem Cluster zuzuordnenden Unternehmen die Ausprägung aufweisen, erfolgt die Bewertung mit einem Halbkreis. Für das Beispiel des ersten Steckbriefs bedeutet dies, dass die Blockchain im Wesentlichen zum Zwecke des Informationsaustausches und des Aufbrechens der Datensilos sowie zur Steigerung der Lieferkettentransparenz eingesetzt wird. Das zeigt sich insbesondere darin, dass sämtliche Unternehmen dieses Clusters die BC-Anwendungsmöglichkeiten *Herkunftsnachweise, Betrugs- und Fälschungserkennung, Compliance tracking und Zertifikatsmanagement, Offener Informationszugang* und die *Rückverfolgbarkeit des Warenstroms* als Zweck genannt haben. Auch der Aspekt der Automatisierung (Smart Contracts) wird adressiert, aber nicht von allen Unternehmen prioritär verfolgt. Neue Geschäftsmodelle, die auf Tokens oder Datenmarktplätzen oder Handelsplattformen basieren, werden in dieser archetypischen BC-Anwendung von weniger als der Hälfte der Unternehmen verfolgt und sind somit für dieses Anwendungsmuster von keiner herausragenden Bedeutung.

Entwicklung und Betrieb der Blockchain: Auch dieses Element leitet sich aus der Merkmals- und Ausprägungsliste ab und gibt die Art der BC-Entwicklung und die Art des BC-Betriebs an. Zur Visualisierung werden Schieberegler eingesetzt, da die Unternehmen eines Clusters hier stark unterschiedliche Ausprägungen aufweisen können. So kooperieren im ersten Cluster bspw. Renault in ihrem Projekt XCEED, BMW im Projekt Partchain und Boeing mit Unternehmen wie IBM bei der Entwicklung der Blockchain oder lassen diese direkt von Drittanbietern übernehmen. Der BC-Betrieb erfolgt innerhalb des Musters von den Unternehmen selbstständig (z. B. BMW, Renault) oder wie im Fall von Honeywell durch eine initiierte Plattform (GoDirect™), die selbstständig von Honeywell betrieben wird (Renault Group, 2020; Rau, 2020a, b; Dotson, 2020; Geißler & Schmitz, 2020; BMW Group, 2020; Rencher et al., 2018).

Ergänzende Technologien: Häufig wird eine Blockchain in Kombination mit anderen Technologien eingesetzt (vgl. Abschn. 2.3). Dieses Element gibt Aufschluss über Datenherkunft oder -nutzung. Damit wird bspw. die Frage beantwortet, ob ein Mensch die Speicherung oder das Abrufen von Daten in der Blockchain veranlasst oder ob es ein intelligentes Objekt oder eine Software ist. In Analogie zum Element *Zweck der BC-Anwendung* werden auch hier volle, halbe und leere Kreise eingesetzt. Die Unternehmen des ersten Clusters nutzen allesamt intelligente Systeme (IoT) und Anwendungen der künstlichen Intelligenz, digitale Zwillinge und Cloud Computing. Beispielsweise nutzt Boeing intelligente Systeme (IoT) zusammen mit einem digitalen Zwilling und in Verbindung mit Anwendungen der künstlichen Intelligenz wie Predictive Analytics dazu, Wartungsintervalle vorherzusagen und die Lebensdauer eingesetzter Komponenten zu erhöhen. Auch um die Ankunft notwendiger Komponenten zu prognostizieren und somit ggf. Lieferschwierigkeiten zu antizipieren, wird eine Kombination dieser Technologien eingesetzt. Auf Cloudlösungen greifen die BC-Anwender zurück, wenn Daten parallel zur Blockchain zentralisiert abgelegt, aber zur Manipulationssicherheit mit der Blockchain verknüpft werden (Gutierrez, 2017).

Im Rahmen dieses Buches wurden weitere vier Steckbriefe zu archetypischen Blockchain-Anwendungen erstellt. An dieser Stelle soll auf eine ausführliche Beschreibung sämtlicher Steckbriefelemente der übrigen Steckbriefe verzichtet und lediglich eine Kurzbeschreibung des Anwendungsmusters vorgenommen werden. Der interessierte Leser kann für einzelne Anwendungsfälle das ursprüngliche Quellenmaterial aus dem Literaturverzeichnis sichten und die Autoren separat zu ausgewählten Inhalten ansprechen.

Die zweite archetypische BC-Anwendung, die mittels der Clusteranalyse identifiziert werden konnte, sind *Herkunftsnachweise und Rückverfolgbarkeit* unterschiedlichster Industrien mit ihren Rohstoffen und Produkten (siehe Abb. 3.3). In diesem Anwendungsmuster finden sich gleichermaßen Unternehmen aus der Automobilindustrie (z. B. Daimler und Volvo), der Textilindustrie (z. B. KiK und C&A) oder auch der Kosmetikindustrie (z. B. Beautycounter) sowie Hersteller von Luxusprodukten (z. B. Gübelin). Dabei stellen sich die Unternehmen allesamt der Herausforderung einer transparenten Lieferkette für ihre Rohstoffe und Produkte, bei deren Herkunft und Abbau im Zweifelsfall Umwelt- oder Sozialstandards nicht eingehalten werden. Beispiele solcher Rohstoffe sind Kobalt für die Produktion von Batterien für die Elektromobilität, Bio-Baumwolle für die Textilindustrie oder Glimmer, welcher einen wichtigen Rohstoff für Kosmetikprodukte darstellt. In den spezifischen Blockchain-Projekten arbeiten die Unternehmen entlang der Lieferkette nur mit Lieferanten zusammen, die über erforderliche Zertifikate verfügen. Die Zertifikate werden von unabhängigen Zertifizierungs- und Auditunternehmen vergeben. Mithilfe dere Blockchain kann dann die Einhaltung erforderlicher Standards bezüglich Herkunft und Lieferkette fälschungssicher nachgewiesen werden (Clancy, 2019; Daimler AG, 2020a, b; Gübelin, 2021; KiK, 2021; Makower, 2020; Müller, 2019; Rau, 2020a, b; Volvo Cars, 2019; Wilde, 2019; Zha, 2019).

Das dritte Anwendungsmuster stellt der *Blockchain-basierte Datenaustausch von 3D-Modellen* dar (Abb. 3.4). Zwar wird mit dem Technologiefeld der additiven Fertigung die Problemlösung kleinstmöglicher Losgrößen bei einer wirtschaftlichen Produktion adressiert, jedoch kommt der Austausch der notwendigen Konstruktionsdateien einem Abfluss von Unternehmenswissen gleich, wenn additiv gefertigte Bauteile als Aufträge an andere Unternehmen vergeben werden. Mithilfe der BC-Technologie soll sichergestellt werden, dass eine unerlaubte Nutzung oder Weitergabe der ausgetauschten 3D-Modelle verhindert wird. Beispielsweise verfolgt Thyssen Krupp mit ihrem TechCenter Additive Manufacturing genau diese Zielsetzung (Klöckner et al., 2020, S. 18; Marx, 2019). Aber auch das Forschungsprojekt SAMPL (Secure Additive Manufacturing Plat-

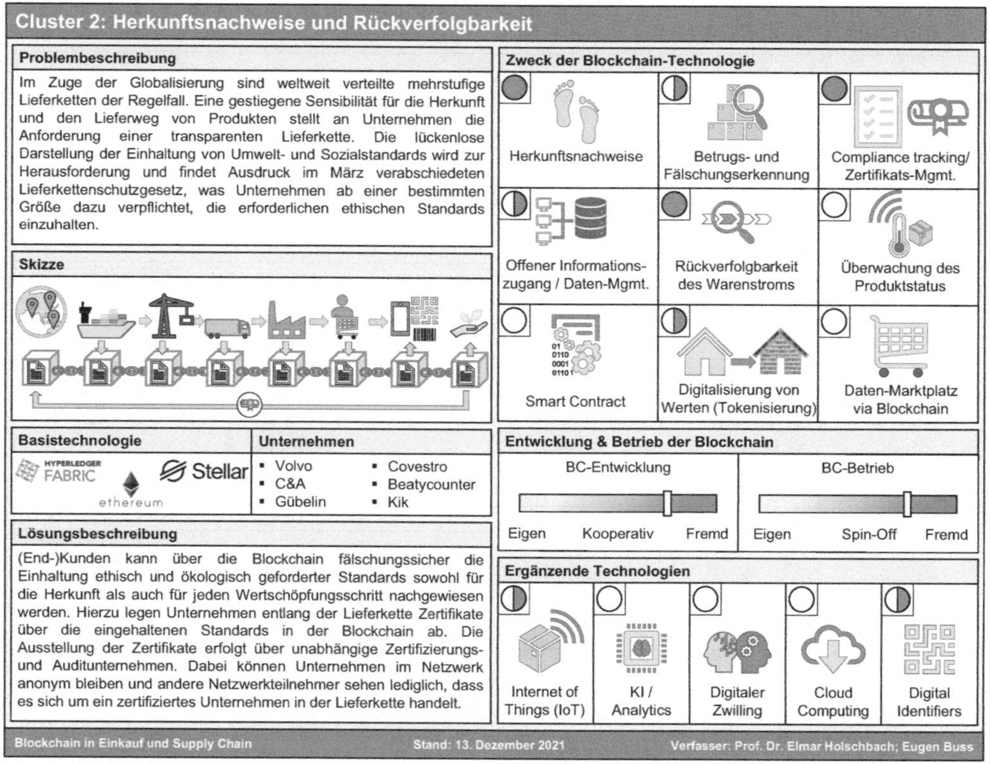

Cluster 2: Herkunftsnachweise und Rückverfolgbarkeit

Problembeschreibung

Im Zuge der Globalisierung sind weltweit verteilte mehrstufige Lieferketten der Regelfall. Eine gestiegene Sensibilität für die Herkunft und den Lieferweg von Produkten stellt an Unternehmen die Anforderung einer transparenten Lieferkette. Die lückenlose Darstellung der Einhaltung von Umwelt- und Sozialstandards wird zur Herausforderung und findet Ausdruck im März verabschiedeten Lieferkettenschutzgesetz, was Unternehmen ab einer bestimmten Größe dazu verpflichtet, die erforderlichen ethischen Standards einzuhalten.

Skizze

Basistechnologie

HYPERLEDGER FABRIC
Stellar
ethereum

Unternehmen

- Volvo
- C&A
- Gübelin
- Covestro
- Beatycounter
- Kik

Lösungsbeschreibung

(End-)Kunden kann über die Blockchain fälschungssicher die Einhaltung ethisch und ökologisch geforderter Standards sowohl für die Herkunft als auch für jeden Wertschöpfungsschritt nachgewiesen werden. Hierzu legen Unternehmen entlang der Lieferkette Zertifikate über die eingehaltenen Standards in der Blockchain ab. Die Ausstellung der Zertifikate erfolgt über unabhängige Zertifizierungs- und Auditunternehmen. Dabei können Unternehmen im Netzwerk anonym bleiben und andere Netzwerkteilnehmer sehen lediglich, dass es sich um ein zertifiziertes Unternehmen in der Lieferkette handelt.

Blockchain in Einkauf und Supply Chain

Zweck der Blockchain-Technologie

- Herkunftsnachweise
- Betrugs- und Fälschungserkennung
- Compliance tracking/ Zertifikats-Mgmt.
- Offener Informations- zugang / Daten-Mgmt.
- Rückverfolgbarkeit des Warenstroms
- Überwachung des Produktstatus
- Smart Contract
- Digitalisierung von Werten (Tokenisierung)
- Daten-Marktplatz via Blockchain

Entwicklung & Betrieb der Blockchain

BC-Entwicklung: Eigen — Kooperativ — Fremd

BC-Betrieb: Eigen — Spin-Off — Fremd

Ergänzende Technologien

- Internet of Things (IoT)
- KI / Analytics
- Cloud Computing
- Digitaler Zwilling
- Digital Identifiers

Stand: 13. Dezember 2021   Verfasser: Prof. Dr. Elmar Holschbach; Eugen Buss

Abb. 3.3 Steckbrief zur archetypischen BC-Anwendung „Herkunftsnachweise und Rückverfolgbarkeit"

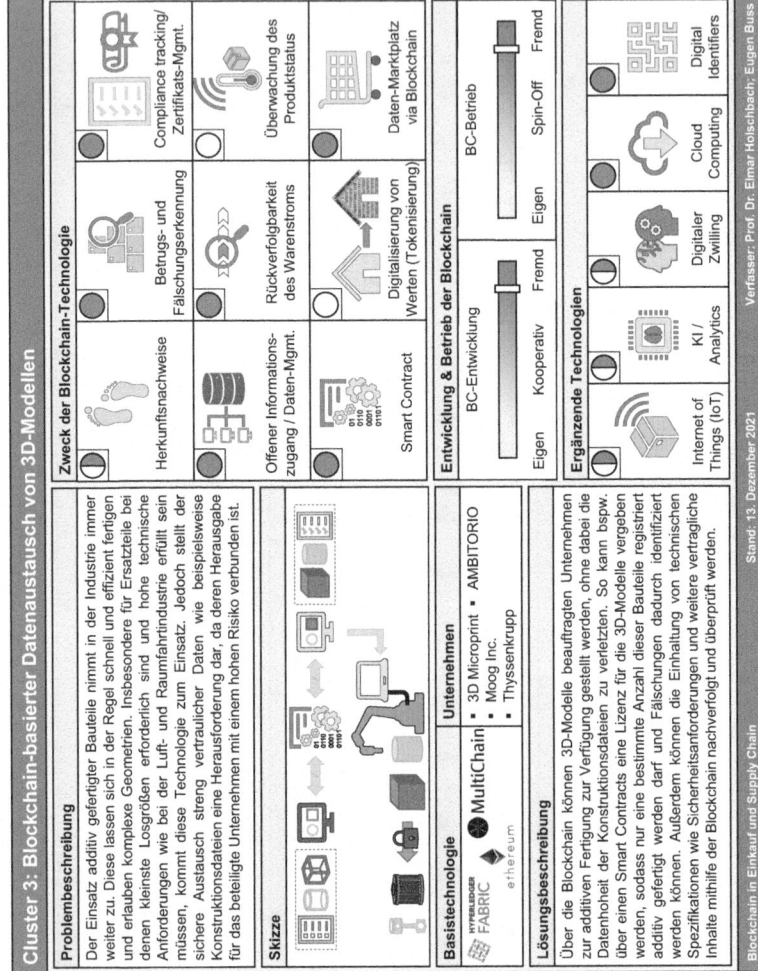

Abb. 3.4 Steckbrief zur archetypischen BC-Anwendung „Blockchain-basierter Datenaustausch von 3D-Modellen"

form) ist diesem Cluster zuzurechnen. Dem Projekt haben sich unter anderem die PROSTEP AG, die MicroPrint GmbH sowie die Forschungseinrichtungen Fraunhofer ENAS und die Technische Universität Hamburg angeschlossen (Arnold, 2018; Wirsching & Mommert, 2019). Beide Blockchain-Projekte verfolgen dabei das Ziel, die Datenhoheit trotz Weitergabe der Konstruktionsdateien bei den datenbereitstellenden Unternehmen sicherzustellen.

Ein weiteres Ergebnis der Clusteranalyse ist die archetypische Blockchain-Anwendung *Automatisierte Transaktionsabwicklung über Smart Contracts* (Abb. 3.5). Diesem Anwendungsmuster können bislang nur wenige Unternehmen zugeordnet werden. Konkret handelt es sich um ein Projekt aus der Automobilindustrie (Daimler Trucks) und jeweils zwei Projekte von Landmaschinenherstellern. Den Anwendungsunternehmen ist gemein, dass sie Smart Contracts dazu einsetzen, Abrechnungsprozesse zu automatisieren, um dadurch Effizienzsteigerungen zu erzielen und sogar bestehende Geschäftsmodelle zu optimieren (Paulus, 2019; Hensel & Schmitz, 2019; Witthaut et al., 2017, S. 2 ff.; Kaiser-Neubauer, 2020). Beispielsweise werden bei dem Unternehmen Lindner Traktorenwerke im Rahmen des Blockchain-Projektes die Telemetriedaten erfasst und ausgewertet. Diese Daten geben Aufschluss über den realen Nutzungsgrad (z. B. Leerfahrten, Transportfahrten oder Mäharbeiten) des Traktors bei der Vermietung, der die Grundlage für die Rechnungsstellung bildet. Über Smart Contracts wird das gewünschte Abrechnungs- und Zeitmodell für den Kunden ermittelt und die Rechnung an ihn weitergeleitet, wodurch administrative Prozesse verschlankt werden können, die ansonten positive Effekte von Pay-per-use-Geschäftsmodellen konterkarieren (Kaiser-Neubauer, 2020).

Abschließend soll die fünfte archetypische Blockchain-Anwendung *Monitoring des Produktstatus* kurz vorgestellt werden (Abb. 3.6). Der Nachweis über eingehaltene Produktqualität und -funktionalität während des Transportweges oder die Bestimmung des genauen Produktstandortes zur Produktionsplanung stellen eine Herausforderung für das SCM dar. Insbesondere der Einfluss von Umweltfaktoren, wie beispielsweise das Überschreiten einer Mindesttemperatur, die Beschädigung durch Stöße und mechanische Kräfte sowie erhöhte Luftfeuchtigkeit oder Lichteinstrahlung können die Produktqualität unbemerkt während des Lieferwegs mindern (Anh, 2019; Schonschek und Müller, 2019). Dies kann insbesondere bei Medikamenten, Lebensmitteln und fragilen Produkten ein Problem darstellen. Mit einer Kombination der Technologiefelder IoT, Blockchain Cloud Computing und Digital Identifiers ist es den Unternehmen dieses Anwendungsmusters möglich, kontinuierlich Daten aufzunehmen und diese manipulationssicher in der Blockchain abzulegen. Beispielsweise demonstrierten zwei britische Krankenhäuser mittels der Blockchain, dass bei der Lieferung des Covid-19-Impfstoffs von BioN-

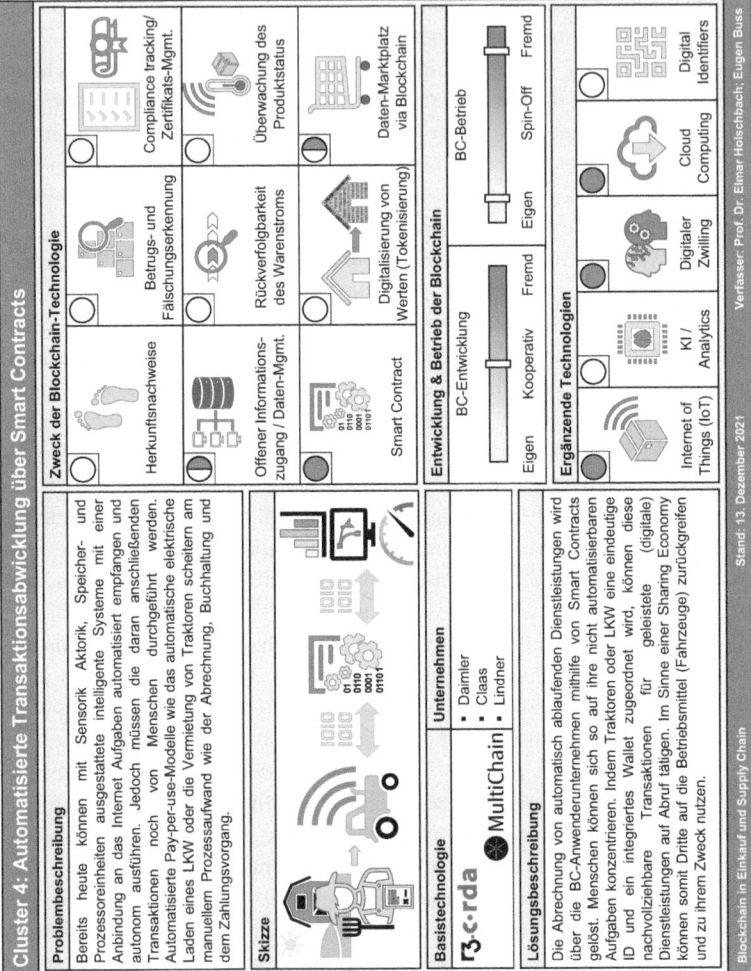

Cluster 4: Automatisierte Transaktionsabwicklung über Smart Contracts

Problembeschreibung

Bereits heute können mit Sensorik, Aktorik, Speicher- und Prozessoreinheiten ausgestattete intelligente Systeme mit einer Anbindung an das Internet Aufgaben automatisiert empfangen und autonom ausführen. Jedoch müssen die daran anschließenden Transaktionen noch von Menschen durchgeführt werden. Automatisierte Pay-per-use-Modelle wie das automatische elektrische Laden eines LKW oder die Vermietung von Traktoren scheitern am manuellem Prozessaufwand wie der Abrechnung, Buchhaltung und dem Zahlungsvorgang.

Skizze

Basistechnologie

r3·c·rda

⊛ MultiChain

Unternehmen
- Daimler
- Claas
- Lindner

Lösungsbeschreibung

Die Abrechnung von automatisch ablaufenden Dienstleistungen wird über die BC-Anwenderunternehmen mithilfe von Smart Contracts gelöst. Menschen können sich so auf ihre nicht automatisierbaren Aufgaben konzentrieren. Indem Traktoren oder LKW eine eindeutige ID und ein integriertes Wallet zugeordnet wird, können diese nachvollziehbare Transaktionen für geleistete (digitale) Dienstleistungen auf Abruf tätigen. Im Sinne einer Sharing Economy können somit Dritte auf die Betriebsmittel (Fahrzeuge) zurückgreifen und zu ihrem Zweck nutzen.

Zweck der Blockchain-Technologie

Herkunftsnachweise

Betrugs- und Fälschungserkennung

Compliance tracking/ Zertifikats-Mgmt.

Offener Informations- zugang / Daten-Mgmt.

Rückverfolgbarkeit des Warenstroms

Überwachung des Produktstatus

Smart Contract

Digitalisierung von Werten (Tokenisierung)

Daten-Marktplatz via Blockchain

Entwicklung & Betrieb der Blockchain

BC-Entwicklung

Eigen · Kooperativ · Fremd

BC-Betrieb

Eigen · Spin-Off · Fremd

Ergänzende Technologien

Internet of Things (IoT)

KI / Analytics

Digitaler Zwilling

Cloud Computing

Digital Identifiers

Blockchain in Einkauf und Supply Chain | Stand: 13. Dezember 2021 | Verfasser: Prof. Dr. Elmar Holschbach; Eugen Buss

Abb. 3.5 Steckbrief zur archetypischen BC-Anwendung „Automatisierte Transaktionsabwicklung über Smart Contracts"

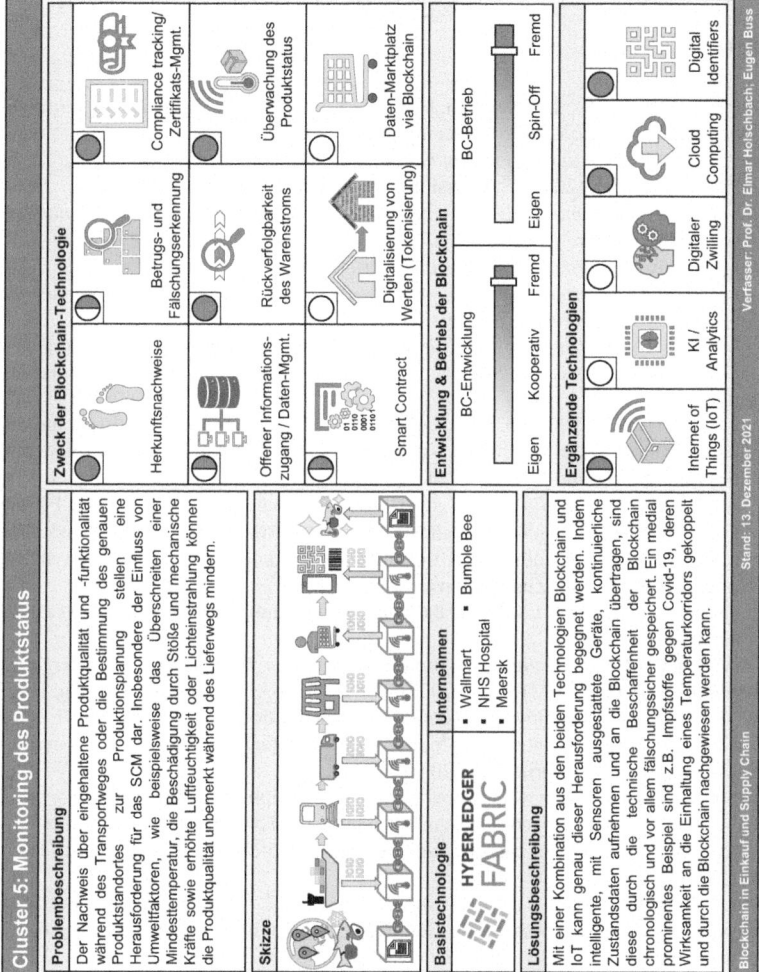

Cluster 5: Monitoring des Produktstatus

Problembeschreibung

Der Nachweis über eingehaltene Produktqualität und -funktionalität während des Transportweges oder die Bestimmung des genauen Produktstandortes zur Produktionsplanung stellen eine Herausforderung für das SCM dar. Insbesondere der Einfluss von Umweltfaktoren, wie beispielsweise das Überschreiten einer Mindesttemperatur, die Beschädigung durch Stöße und mechanische Kräfte sowie erhöhte Luftfeuchtigkeit oder Lichteinstrahlung können die Produktqualität unbemerkt während des Lieferwegs mindern.

Skizze

Basistechnologie

HYPERLEDGER FABRIC

Unternehmen
- Walmart
- NHS Hospital
- Maersk
- Bumble Bee

Lösungsbeschreibung

Mit einer Kombination aus den beiden Technologien Blockchain und IoT kann genau dieser Herausforderung begegnet werden. Indem intelligente, mit Sensoren ausgestattete Geräte, kontinuierliche Zustandsdaten aufnehmen und an die Blockchain übertragen, sind diese durch die technische Beschaffenheit der Blockchain chronologisch und vor allem fälschungssicher gespeichert. Ein medial prominentes Beispiel sind z.B. Impfstoffe gegen Covid-19, deren Wirksamkeit an die Einhaltung eines Temperaturkorridors gekoppelt und durch die Blockchain nachgewiesen werden kann.

Zweck der Blockchain-Technologie

- Herkunftsnachweise
- Compliance tracking/ Zertifikats-Mgmt.
- Betrugs- und Fälschungserkennung
- Überwachung des Produktstatus
- Offener Informations-zugang / Daten-Mgmt.
- Rückverfolgbarkeit des Warenstroms
- Smart Contract
- Digitalisierung von Werten (Tokenisierung)
- Daten-Marktplatz via Blockchain

Entwicklung & Betrieb der Blockchain

BC-Entwicklung: Eigen — Kooperativ — Fremd

BC-Betrieb: Eigen — Spin-Off — Fremd

Ergänzende Technologien

- Internet of Things (IoT)
- KI / Analytics
- Digitaler Zwilling
- Cloud Computing
- Digital Identifiers

Blockchain in Einkauf und Supply Chain   Stand: 13. Dezember 2021   Verfasser: Prof. Dr. Elmar Holschbach; Eugen Buss

Abb. 3.6 Steckbrief zur archetypischen BC-Anwendung „Monitoring des Produktstatus"

Tech die erforderliche Mindesttemperatur nicht überschritten wurde und die Wirksamkeit durch Temperaturschwankungen nicht beeinträchtigt wurdee (Wilson, 2021; Dickon, 2021; Jurczak, 2019).

Literatur

Alexander, C., Ishikawa, S., & Silverstein, M. (1977). *A pattern language. Towns, buildings, construction.* New York: Oxford university press.

Alexander, C. (1979). *The timeless way of building.* Oxford University Press.

Alznauer, T., & Krafft, M. (2004). Submissionen. In K. Backhaus & M. Voeth (Hrsg.), *Handbuch Industriegütermarketing. Srategien – Instrumente – Anwendungen* (S. 1057–1078). Gabler.

Amshoff, B. (2016). *Systematik zur musterbasierten Entwicklung technologie-induzierter Geschäftsmodelle: Approach for a pattern-based design of technology-induced business models.* Heinz Nixdorf Institut, Universität Paderborn, Dissertation.

Anacker, H. (2016). *Instrumentarium für einen lösungsmusterbasierten Entwurf fortgeschrittener mechatronischer Systeme.* Heinz Nixdorf Institut, Universität Paderborn, Dissertation.

Anh, V. D. (2019). IoT & Blockchain: An application for environmental condition monitoring and storage. https://blog.fpt-software.com/iot-application-for-environmental-condition-monitoring-and-storage-on-blockchain. Zugegriffen am 10.12.2021.

Arnold, H. (2018). *Mit der Blockchain 3D-Druckdaten sicher austauschen* (16. Februar 2018). (Blockchain-Anwenderunternehmen: 3D MicroPrint GmbH). https://www.elektroniknet.de/automation/industrie-40-iot/mit-der-blockchain-3d-druckdaten-sicher-austauschen.150687.html. Zugegriffen am 23.03.2021.

Bissantz, N., & Hagedorn, J. (2009). Data Mining (Datenmustererkennung). *Wirtschaftsinformatik, 51*(1), 139–144.

BMW AG. (2020). *BMW Group treibt mittels Einsatz von Blockchain die Lieferketten-Transparenz weiter voran* (31. März 2020). (Blockchain-Anwenderunternehmen: BMW AG). https://www.press.bmwgroup.com/deutschland/article/detail/T0307164DE/bmw-group-treibt-mittels-einsatz-von-blockchain-die-lieferketten-transparenz-weiter-voran?language=de. Zugegriffen am 20.03.2021.

del Castillo, M. (2020). Honeywell is now tracking $1 billion in boeing parts on a blockchain. https://www.forbes.com/sites/michaeldelcastillo/2020/03/07/honeywell-is-now-tracking-1-billion-in-boeing-parts-on-a-blockchain/?sh=5fe8b4d78bfe. Zugegriffen am 09.12.2021.

Clancy, H. (2019). *Blockchain, meet supply chain* (27. März 2019). (Blockchain-Anwenderunternehmen: C&A Mode GmbH & Co. KG). https://www.greenbiz.com/article/blockchain-meet-supply-chain. Zugegriffen am 23.03.2021.

Daimler AG. (2020a). *Mercedes-Benz bezieht künftig ausschließlich Batteriezellen mit Kobalt & Lithium aus zertifiziertem Abbau.* (Blockchain-Anwenderunternehmen: Mercedes Benz AG (Cars & Vans)). https://media.daimler.com/marsMediaSite/de/instance/ko/Mercedes-Benz-bezieht-kuenftig-ausschliesslich-Batteriezellen-mit-Kobalt%2D%2DLithium-aus-zertifiziertem-Abbau-und-reduziert-Kobalt-zugleich-signifikant.xhtml?oid=48096119. Zugegriffen am 21.03.2021.

Daimler AG. (2020b). *Mercedes-Benz Cars treibt „Ambition2039" in der Lieferkette voran: Blockchain-Pilotprojekt macht CO_2-Emissionen transparent.* (Blockchain-Anwenderunternehmen: Mercedes Benz AG (Cars & Vans)). https://media.daimler.com/marsMediaSite/de/instance/ko.xhtml?oid=45528015&viewType=list. Zugegriffen am 21.03.2021.

Dickon, R. (2021). NHS hospitals use blockchain to help manage Covid-19 vaccine rollout. https://eandt.theiet.org/content/articles/2021/01/nhs-hospitals-use-blockchain-to-help-manage-covid-19-vaccine-rollout/. Zugegriffen am 10.12.2021.

Dotson, K. (2020). BMW announces PartChain supply blockchain for tracking automotive parts. https://siliconangle.com/2020/04/01/bmw-announces-partchain-supply-chain-blockchain-tracking-automotive-parts/. Zugegriffen am 09.12.2021.

Fill, H.-G., & Meier, A. (2020). *Blockchain kompakt. Grundlagen, Anwendungsoptionen und kritische Bewertung.* Springer Vieweg.

Gausemeier, J., & Plass, C. (2014). *Zukunftsorientierte Unternehmensgestaltung. Strategien, Geschäftsprozesse und IT-Systeme für die Produktion von morgen.* Carl Hanser.

Geißler, O., & Schmitz, P. (2020). PartChain durchleuchtet Lieferketten; Blockchain in der Automobilindustrie. https://www.blockchain-insider.de/partchain-durchleuchtet-lieferketten-a-927187/. Zugegriffen am 09.12.2021.

Gentemann, L. (2019). *Blockchain in Deutschland–Einsatz, Potenziale, Herausforderungen.* Bitkom e. V.

Gonczol, P., Katsikouli, P., Herskind, L., & Dragoni, N. (2020). Blockchain implementations and use cases for supply chains-a survey. *Ieee Access, 8,* 1–16.

Gübelin Jewellery. (2021). *GÜBELIN lanciert die Provenance Proof Blockchain.* (Blockchain-Anwenderunternehmen: Gübelin Jewellery). https://www.gubelin.com/cms/de/aktuelle-news/provenance-proof-blockchain-technologie/. Zugegriffen am 25.03.2021.

Gutierrez, C. (2017). *Boeing Improves Operations with Blockchain and the Internet of Things* (24. Mai 2017). (Blockchain-Anwenderunternehmen: Boeing Corp.). https://www.altoros.com/blog/boeing-improves-operations-with-blockchain-and-the-internet-of-things/. Zugegriffen am 23.03.2021.

Hensel, M., & Schmitz, P. (2019). *Daimler Trucks und Commerzbank testen Blockchain-Bezahlsystem* (9. August 2019). (Blockchain-Anwenderunternehmen: Daimler Trucks). https://www.blockchain-insider.de/daimler-trucks-und-commerzbank-testen-blockchain-bezahlsystem-a-855911/. Zugegriffen am 21.03.2021.

Hyperledger Foundation. (Hrsg.). (2021). Honeywell Aerospace creates online parts marketplace with Hyperledger Fabric; Case Study. https://www.hyperledger.org/learn/publications/honeywell-case-study. Zugegriffen am 09.12.2021.

Jurczak, M. (2019). Transport von Pharmazeutika: Blockchain ermöglicht eine effizientere Temperaturkontrolle. https://trans.info/de/transport-von-pharmazeutika-blockchain-ermoeglicht-effektivere-kontrolle-von-temperaturschwankungen-141494. Zugegriffen am 10.12.2021.

Kaiser-Neubauer, C. (2020). *Voll automatisch-Zahlungen schneller abwickeln mit der Blockchain-Technik* (30. September 2020). (Blockchain-Anwenderunternehmen: Lindner Traktorenwerk GmbH). https://www.sueddeutsche.de/wirtschaft/blockchain-technologie-voll-automatisch-1.5046412. Zugegriffen am 25.03.2021.

Kik GmbH. (2021). *Blockchain: Umwelt- und Sozialstandards nachvollziehbar und zweifelsfrei entlang der Lieferkette darstellen.* (Blockchain-Anwenderunternehmen: KIK GmbH)

Abgerufen am 22. März 2021 von https://www.kik.de/unternehmen/kik_presse/blockchain-fuer-die-lieferkette/. Zugegriffen am 22.03.2021.

Klöckner, M., Kurpjuweit, S., Velu, C., & Wagner, S. M. (2020). Does blockchain for 3D printing offer opportunities for business model innovation? *Research-Technology Management, 63,* 18–27.

Loury, V. (2020). *Groupe Renault Tested A Blockchain Project to Go Further In The Certification of Vehicle Compliance* (10. September 2020). (Blockchain-Anwenderunternehmen: Renault Gruppe). https://newsroom.ibm.com/2020-09-09-Groupe-Renault-Tested-A-Blockchain-Project-To-Go-Further-In-The-Certification-Of-Vehicle-Compliance. Zugegriffen am 25.03.2021.

Makower, J. (2020). *Inside Beautycounter's quest to transform its mica supply chain* (05. October 2020). (Blockchain-Anwenderunternehmen: Beautycounter LLC.). https://www.greenbiz.com/article/inside-beautycounters-quest-transform-its-mica-supply-chain. Zugegriffen am 25.03.2021.

Marx, K. (2019). Herr der Daten: So sichert die Blockchain smarte Produktionsverfahren ab; engineering tomorrow. https://engineered.thyssenkrupp.com/herr-der-daten-so-sichert-die-blockchain-smarte-produktionsverfahren-ab/. Zugegriffen am 10.12.2021.

Muchna, C., Brandenburg, H., Fottner, J., & Gutermuth, J. (2018). *Grundlagen der Logistik. Begriffe, Strukturen und Prozesse.* Springer Gabler.

Müller, T. (2019). *Textildiscounter KiK: Blockchain und Digitaler Zwilling in neutralem Netzwerk* (15. Oktober 2019). (Blockchain-Anwenderunternehmen: KIK GmbH). https://www.exchainge.de/exchainge/blog/posts/Thomas-Mueller.php. Zugegriffen am 22.03.2021.

Paulus, S. (2019). *Daimler testet Blockchain im Zahlungsverkehr* (8. August 2019). (Blockchain-Anwenderunternehmen: Daimler Trucks). https://www.dertreasurer.de/news/cash-management-zahlungsverkehr/daimler-testet-blockchain-im-zahlungsverkehr-2010111/. Zugegriffen am 21.03.2021.

Petersen, M., Hackius, N., & von See, B. (2018). Mapping the sea of opportunities: Blockchain in supply chain and logistics. *Information Technology, 60*(5-6), 263–271.

Rau, S. (20. Januar 2020a). *Mercedes-Benz nutzt die Blockchain in der Kobalt-Lieferkette* (20. Januar 2020). (Blockchain-Anwenderunternehmen: Mercedes Benz AG (Cars & Vans)). https://blockchainwelt.de/mercedes-benz-nutzt-die-blockchain-in-der-kobalt-lieferkette/. Zugegriffen am 21.03.2021.

Rau, S. (2020b). *Renault testet Blockchain im Bereich der Teilezertifizierung* (13. September 2020). (Blockchain-Anwenderunternehmen: Renault Gruppe). https://blockchainwelt.de/renault-testet-blockchain-im-bereich-der-teilezertifizierung/. Zugegriffen am 25.03.2021.

Renault Gruppe. (2020). *THE BLOCKCHAIN, TRANSFORMATION VECTOR FOR THE FUTURE OF THE AUTOMOTIVE INDUSTRY* (14. Mai 2020). (Blockchain-Anwenderunternehmen: Renault Gruppe). https://group.renault.com/en/news-on-air/news/the-blockchain-transformation-vector-for-the-future-of-the-automotive-industry/. Zugegriffen am 25.03.2021.

Rencher, R. J., Kelley, J., & Donaldson, K. (01. März 2018). *Blockchain could play a pivotal role in the changing aviation ecosystem* (01. Mai 2018). (Blockchain-Anwenderunternehmen: Boeing Corp.) https://www.ibm.com/thought-leadership/institute-business-value/report/monetizingblockchain. Zugegriffen am 23.03.2021.

Schonschek, O., & Müller B. (2019). Blockchain in der Lebensmittelindustrie. https://www.industry-of-things.de/blockchain-in-der-lebensmittelindustrie-a-825693/. Zugegriffen am 10.12.2021.

Stede, C. (2020). *Renault Group: Mit Blockchain gegen Lieferengpässe* (15. September 2020). (Blockchain-Anwenderunternehmen: Renault Gruppe). https://www.btc-echo.de/renault-group-mit-blockchain-gegen-lieferengpaesse/. Zugegriffen am 25.03.2021.

Subramanian, N., Chaudhuri, A., & Kayıkcı, Y. (2020). *Blockchain and supply chain logistics. Evolutionary case studies.* Palgrave Macmillan.

Volvo Cars. (2019). *Volvo Cars macht mit Blockchain die Herkunft von Kobalt in Hochvoltbatterien nachverfolgbar* (06. November 2019). (Blockchain-Anwenderunternehmen: Volvo AB). https://www.media.volvocars.com/at/de-at/media/pressreleases/260242/volvo-cars-macht-mit-blockchain-die-herkunft-von-kobalt-in-hochvoltbatterien-nachverfolgbar. Zugegriffen am 21.03.2021.

Wang, Y., Han, J. H., & Beynon-Davies, P. (2019). Understanding blockchain technology for future supply chains: A systematic literature review and research agenda. *Supply Chain Management: An International Journal, 24*(1), 62–84.

Weill, P., Malone, T. W., D'Urso, V. T., Herman, G., & Woerner, S. (2005). Do some business models perform better than others? A study of the 1000 largest US firms. *MIT Center for Coordination Science Working Paper, 226*, 1–39.

Wilde, A. (30. Juli 2019). *CSR In Der Lieferkette – Rückverfolgbarkeit Der Kleidung@Kik* (30. Juli 2019). (Blockchain-Anwenderunternehmen: KIK GmbH). https://morethandigital.info/csr-in-der-lieferkette-rueckverfolgbarkeit-der-kleidungkik/. Zugegriffen am 22.03.2021.

Wilson, T. (2021). British hospitals use blockchain to track COVID-19 vaccines. https://www.reuters.com/article/uk-health-coronavirus-blockchain-idUSKBN29O0RW. Zugegriffen am 10.12.2021.

Wirsching, S., & Mommert, U. (2019). 3D-Druck: Fälschungssicher durch Blockchain. https://medtech-zwo.de/aktuelles/nachrichten/nachrichten/3d-druck-faelschungssicher-durch-blockchain.html. Zugegriffen am 10.12.2021.

Witthaut, M., Deeken, H., Sprenger, P., Gadzhanov, P., & David, M. (2017). Smart objects and smart finance for supply chain management. *Logistics Journal, 2017.*

Wust, K., & Gervais, A. (2018). Do you need a Blockchain? In E. G. Sirer, A. Gervais & A. Denzler (Hrsg.), *2018 Crypto Valley Conference // 2018 Crypto Valley Conference on Blockchain Technology. CVCBT 2018: 20-22 June 2018, Zug, Switzerland : proceedings* (S. 45–54). IEEE.

Zha, W. (2019). *Weltpremiere: Biobaumwolle wird mithilfe von Blockchain in der Lieferkette zurückverfolgt* (05. März 2019). (Blockchain-Anwenderunternehmen: C&A Mode GmbH & Co. KG). https://fashionunited.de/nachrichten/business/weltpremiere-biobaumwolle-wird-mithilfe-von-blockchain-in-der-lieferkette-zurueckverfolgt/2019030531186. Zugegriffen am 23.03.2021.

Zimmermann, B. (2008). *Pattern-basierte Prozessbeschreibung und -unterstützung: Ein Werkzeug zur Unterstützung von Prozessen zur Anpassung von E-Learning-Materialien.* Technische Universität Darmstadt, Dissertation.

Ausgestaltung von Blockchain-Anwendungen in Einkauf und Supply Chain Management

4

Ein Ziel dieses Buches ist es, Unternehmen durch praxisorientierte Beispiele das Themengebiet der BC in Einkauf und SCM zu vermitteln und ggf. für eigene Lösungen zu inspirieren. Jedoch handelt es sich bei der BC um eine komplexe Technologie, und BC-Anwendungen weisen in der Praxis eine Vielzahl an Ausgestaltungsmöglichkeiten auf. Die in Kap. 3 erarbeiten archetypischen BC-Anwendungen reduzieren zwar die Anzahl der Möglichkeiten, konzentrieren sich jedoch verstärkt auf technologische sowie problem- und lösungsbeschreibende Merkmale möglicher BC-Anwendungen. Sie beinhalten noch keine Hilfestellung bei der vorurteilslosen Gegenüberstellung und Auswahl möglicher BC-Ausprägungen.

Dieses Kapitel widmet sich daher der konkreten Ausgestaltung einer BC-Lösung im Bereich Einkauf und Supply Chain Management in Unternehmen. Als Methode hierzu wird zunächst der morphologische Kasten in Abschn. 4.1 eingeführt. Danach wird ein morphologischer Kasten zur Ausgestaltung von Blockchain-Anwendungen für Einkauf und Supply Chain Management vorgestellt und anhand eines Beispiels angewendet.

4.1 Morphologischer Kasten als Methode zur Analyse und Auswahl komplexer Lösungsalternativen

Eine geeignete Methode zur systematischen Abgrenzung einzelner Problemelemente so komplexer Themenstellungen wie der BC sowie zur möglichst vollständigen Betrachtung ihrer Ausprägungsalternativen stellt der morphologische Kasten dar (s. eingehender Vahs & Brem, 2015, S. 296). Bei seiner Erstellung wird zunächst eine Fragestellung formuliert. In unserem Fall lautet diese: „Welche Blockchain-Alternative kommt in der jeweiligen Unternehmenssituation in Frage?" Für diese Fragestellung werden in einem nächsten Schritt die bestimmenden Merkmale (auch: Parameter oder Attribute) festgelegt und untereinander aufgelistet. Dabei ist darauf zu achten, dass die Merkmale sachlich voneinander möglichst unabhängig und für die Beantwortung der Fragestellung wesentlich sind.

Im Anschluss werden die bekannten Ausprägungen des jeweiligen Merkmals rechts von ihm aufgeführt. Auf diese Weise entsteht eine Matrix. Die Kombinationen der Merkmalsausprägungen bilden die zumindest theoretisch möglichen Lösungen.

Greifbare Lösungsansätze entstehen schließlich, indem in jeder Zeile eine mögliche Ausprägung ausgewählt und der gewählte Ausprägungsweg durch Verbinden oder farbliche Hervorhebung der Ausprägungen grafisch festgehalten wird. Alle Schritte können sowohl durch Einzelpersonen als auch Teams durchgeführt werden. Durch die Betrachtung vieler Lösungsalternativen entsteht auf diese Weise ein relativ vollständiges Modell der möglichen Gestaltung einer BC-Anwendung (vgl. Vahs & Brem, 2015, S. 296).

4.2 Morphologischer Kasten zur Ausgestaltung von Blockchain-Anwendungen in Einkauf und Supply Chain Management

In Abb. 4.1 ist ein morphologischer Kasten zur Gestaltung möglicher Blockchain-Anwendungen in Einkauf und Supply Chain Management dargestellt. Er soll als Hilfestellung bei der Auswahl einer möglichen Blockchain-Ausgestaltungsalternative dienen, die die jeweilige Unternehmenssituation möglichst optimal widerspiegelt.

Der morphologische Kasten ist in zwei Teile gegliedert. Der anwendungsspezifische Teil dient dazu, die gewünschte Lösung sowie ihre Charakteristika zu skizzieren. Im technologischen Teil werden grundlegende technische Entscheidungsmöglichkeiten gegenübergestellt.

Die einzelnen Merkmale müssen nicht nacheinander bearbeitet werden, es empfiehlt sich jedoch, mit der Auswahl des Anwendungsgebietes zu beginnen, für das die Blockchain eingesetzt werden soll (Merkmal 1.1).

Am Beispiel eines konkreten Use Cases soll die Anwendung des morphologischen Kastens verdeutlich werden. Der Use Case basiert auf der Plattform GoDirect Trade, deren Entwicklung bereits als Inspiration für das Serious-Business-Game in Abschn. 2.1.4 diente.

Merkmals-gruppe	Merkmals-nummer	Merkmal	Mögliche Merkmalsausprägungen										Kapitel/Abschnitt
1 Anwendung	1.1	**Anwendungsmöglichkeiten der BC-Technologie im SCM**	Herkunftsnachweise/ Ursprungsnachweise	Betrugserkennung/ Identifikation von Fälschungen	Compliance-Tracking/ Zertifikatsmanagement	Offener Informationszugang/ Datenmanagement	Rückverfolgbarkeit des Warenstroms	Überwachung des Produktstatus	Smart Contracts	Digitalisierung von Werten (Tokenisierung)	Handelsplattform/ Datenmarktplatz über Blockchain	Sonstige	
	1.2	**Ergänzende Technologien**	Internet-of-Things (IoT)		Anwendungen der künstlichen Intelligenz und Analytics			Cloud Computing		Digital Identifiers (RFID, QR-Code, NFC)		Sonstige	
	1.3	**Kooperationspartner bei der Blockchain**		Digitalkonzerne (IBM, SAP, Oracle MS Azure etc.)			Blockchain-Start-ups			Forschungseinrichtung (Universitäten, Fachhochschulen)		Kein Kooperationspartner	
	1.4	**Entwicklung der Blockchain-Lösung**		Fremdbezug (Blockchain-as-a-Service)		Kooperative Entwicklung				Vollständige Eigenentwicklung			
	1.5	**Reifegrad des Anwendungsfalles bzw. bisheriger Lösungen**			Etablierte Anwendung		Erster Anwendungsfall existiert			Forschungs-, Pilotprojekt			
	1.6	**Betrieb der Blockchain-Lösung**		Fremdbetrieb			Ausgegründetes Start-up / Joint-Venture				Eigenbetrieb		
2 Technologie	2.1	**Art der Blockchain**		Öffentliche Blockchain			Private Blockchain			Konsortiale Blockchain			
	2.2	**Dezentralisierungsgrad**		Dezentralisiert (dadurch hohe Netzausfallsicherheit)					Teilweise zentralisiert durch ausgewählte Netzwerkknoten				
	2.3	**Lese- und Schreibrechte**		Jeder Netzwerkteilnehmer					Nur ausgewählte Netzwerkteilnehmer				
	2.4	**Identität**		Anonym			Bekannt			Pseudonym			
	2.5	**Nutzung von Kryptowährungen**			Ja					Nein			
	2.6	**Verfügbarkeit Software**			Open-Source					Lizensierung			
	2.7	**Beschränkung der Blockgröße**			Ja					Nein (ggf. individuelle Regeln)			
	2.8	**Transaktionshäufigkeit**		Niedrig			Mittel			Hoch			
	2.9	**Bezahlmodell für die Blockchain-Lösung**	Free		Freemium		Fee-based			Subscription		Upfront-payment	

Abb. 4.1 Morphologischer Kasten zu Blockchain-Ausprägungen in Einkauf und Supply Chain Management

Hintergrund des Anwendungsfalles (vgl. Del Castillo, 2020):

Boeing hat überschüssige Flugzeugteile im Wert von mehr als 1 Mrd. USD zu GoDirect Trade (www.godirecttrade.com) hinzugefügt. Dabei handelt es sich um eine Blockchain-Plattform, die den Ursprung der Teile fälschungssicher nachweisen hilft. Zudem soll sichergestellt werden, dass die Flugzeugteile den gegebenen Sicherheitsstandards entsprechen. Die Plattform wurde vom Luft- und Raumfahrtriesen Honeywell entwickelt. Laut einer Geschäftsführerin von Honeywell überträgt Boeing dabei überschüssige oder nicht mehr benötigte Teile direkt auf die Plattform, die die verschiedenen Ebenen der Lieferkette in einem einzigen, gemeinsam genutzten Transaktionsbuch zusammenfasst. Dadurch werden die Bewegungen der Teile transparent gemacht.

Traditionell werden Luftfahrtteile mit „Geburtsurkunden", Qualitätsdokumenten und mehr verbunden, die den ursprünglichen Hersteller und die aktuelle Sicherheitskonformität bescheinigen. Dabei musste bisher häufig jedes dieser Dokumente physisch von Ort zu Ort transportiert und in die Konten des neuen Besitzers eingetragen werden. Dies machte einen Online-Verkauf nahezu unmöglich. Zudem konnten die Papierdokumente vergleichsweise leicht gefälscht werden. Durch die Umstellung jeder Ebene der Lieferkette auf Blockchain 50, Honeywells angepasste Version von Hyperledger Fabric, ist jede Auflistung mit Bildern des Teils und entsprechenden Dokumenten für das zum Verkauf angebotene Teil verknüpft. Dadurch ist nicht nur sichergestellt, dass das jeweilige Bauteil vorhanden ist, sondern auch, dass die damit verbundenen Dokumente nicht gefälscht wurden.

Im Jahr 2019 wurden weniger als 3 % der jährlich verkauften gebrauchten Luft- und Raumfahrtteile im Wert von 4 Mrd. $ online gehandelt. Dies könnte sich durch GoDirect Trade ändern. Ziel von Honeywell ist es, innerhalb von drei Jahren nach Go-Live der Plattform einen Umsatz von ca. 1 Mrd. USD über die Plattform zu erzielen.

Anders als bei der Bitcoin-Blockchain, handelt es sich bei Hyperledger Fabric um eine private Blockchain. Unternehmen muss der Zugang zu dieser Blockchain zuvor gewährt werden. Hyperledger Fabric nutzt aber einen Open-Source-Code, der von den Teilnehmern weiterentwickelt und adaptiert werden kann. In diesem Fall musste Boeing einen digitalen Verkaufsraum auf GoDirect Trade einrichten – ein Prozess, der jedoch nicht sehr arbeitsintensiv ist. Sobald der digitale Verkaufsraum eingerichtet ist, können vertrauenswürdige Unternehmen ihre eigenen überschüssigen und veralteten Materialien direkt auf die Plattform laden, ähnlich wie bei Amazon, über eine API oder durch Übermittlung einer Textdatei direkt an Honeywell.

Im ersten vollen Jahr der Geschäftstätigkeit von GoDirect Trade gehörten zu den traditionelleren Kunden Fluggesellschaften, die Ersatzteile für den Wiedereinbau in ihre Flugzeuge benötigen. Laut Honeywell werden Teile von Fluggesellschaften im Durchschnitt viermal wiederverwendet, bevor sie ausgemustert werden. Daher ist die Gültigkeit ihrer Qualitätsdokumente von besonderer Bedeutung. Zu den weniger traditionellen Nutzern, die von einem zunehmend digitalisierten Prozess profitieren könnten, gehören die Arbitrageure in der Luft- und Raumfahrtindustrie. Dabei handelt es sich um Unternehmen und Personen, die Luft- und Raumfahrtteile zu niedrigeren Kosten einkaufen und dann versuchen, einen Käufer dafür zu finden. Diese waren bisher auf den langsameren papierbasierten Prozess angewiesen.

Neben dem Aufbau des Lieferkettennetzwerks für gebrauchte Luft- und Raumfahrtteile nutzt Honeywell GoDirect Trade auch für selbst hergestellte Teile, um sie auf der Plattform zu veräußern. Zum Einsatz kommen dabei auch die Blockchain ergänzende Technologien, wie z. B. Radio-Frequency-Identification (RFID).

Honeywell und Boeing haben sich dazu entschieden, die Blockchain-Technologie sowohl zum Compliance Tracking bzw. Zertifkatemanagement als auch als Handelsplattform/Datenmarktplatz zu nutzen (Merkmal 1.1). Honeywell nutzt weitere Digital Identifiers (z. B. RFID), die die Blockchain technologisch ergänzen (Merkmal 1.2). Die Unternehmen haben GoDirect Trade in Eigenregie entwickelt und dabei nicht auf externe Kooperationspartner zurückgegriffen (Merkmal 1.3). Honeywell hat den GoDirect Trade-Marktplatz vollständig selbst entwickelt (Merkmal 1.4), allerdings dabei auf die Anforderungen und Erfahrung eines wichtigen Kunden, Boeing, zurückgegriffen. Den Partnern war klar, dass es sich bei GoTrade Direct um einen ersten Use Case handelt, der sich jedoch mittlerweile zu einer etablierten Anwendung entwickelt hat (Merkmal 1.5). Sie waren bereit, das damit verbundene Entwicklungsrisiko einzugehen. Honeywell hat entschieden, GoTrade Direct eigenständig zu betreiben (Merkmal 1.6).

In technologischer Hinsicht haben sich die Unternehmen für eine private Blockchain (Merkmal 2.1) entschieden. Die der Plattform zugrunde liegende Blockchain ist nicht vollkommen dezentralisiert, sondern nutzt ausgewählte, zentrale Netzwerkknoten (Merkmal 2.2). Die ausgewählten und registrierten Netzwerkteilnehmer besitzen Schreibrechte, z. B. zum Einstellen neuer Bauteile sowie Leserechte (Merkmal 2.3). Die Identität jedes Netzwerkteilnehmers ist allen anderen Netzwerkteilnehmern bekannt (Merkmal 2.4). Es handelt sich technologisch nicht um die Nutzung einer Kryptowährung, obwohl diese auch zur Bezahlung genutzt werden könnte (Merkmal 2.5). Als technologische

Merkmals-gruppe	Merkmals-nummer	Merkmal	Mögliche Merkmalsausprägungen										Kapitel/ Abschnitt
1 Anwendung	1.1	Anwendungsmöglichkeiten der BC-Technologie im SCM	Herkunftsnachweise/ Ursprungsnachweise	Betrugserkennung/ Identifikation von Fälschungen	Compliance-Tracking/ Zertifikatsmanagement	Offener Informationszugang/ Datenmanagement	Rückverfolgbarkeit des Warenstroms	Überwachung des Produktstatus	Smart Contracts	Digitalisierung von Werten (Tokenisierung)	Handelsplattform/ Datenmarktplatz über Blockchain	Sonstige	
	1.2	Ergänzende Technologien	Internet-of-Things (IoT)		Anwendungen der künstlichen Intelligenz und Analytics			Cloud Computing		Digital identifiers (RFID, QR-Code, NFC)		Sonstige	
	1.3	Kooperationspartner bei der Blockchain	Digitalkonzerne (IBM, SAP, Oracle MS Azure etc.)				Blockchain-Start-ups		Forschungseinrichtung (Universitäten, Fachhochschulen)			Kein Kooperationspartner	
	1.4	Entwicklung der Blockchain-Lösung	Fremdbezug (Blockchain-as-a-Service)					Kooperative Entwicklung		Vollständige Eigenentwicklung			
	1.5	Reifegrad des Anwendungsfalles bzw. bisheriger Lösungen	Etablierte Anwendung				Erster Anwendungsfall existiert			Forschungs-, Pilotprojekt			
	1.6	Betrieb der Blockchain-Lösung	Fremdbetrieb				Ausgegründetes Start-up / Joint-Venture			Eigenbetrieb			
2 Technologie	2.1	Art der Blockchain	Öffentliche Blockchain				Private Blockchain			Konsortiale Blockchain			
	2.2	Dezentralisierungsgrad	Dezentralisiert (dadurch hohe Netzausfallsicherheit)						Teilweise zentralisiert durch ausgewählte Netzwerkknoten				
	2.3	Lese- und Schreibrechte	Jeder Netzwerkteilnehmer						Nur ausgewählte Netzwerkteilnehmer				
	2.4	Identität	Anonym				Bekannt			Pseudonym			
	2.5	Nutzung von Kryptowährungen			Ja					Nein			
	2.6	Verfügbarkeit Software				Open-Source				Lizensierung			
	2.7	Beschränkung der Blockgröße			Ja					Nein (ggf. individuelle Regeln)			
	2.8	Transaktionshäufigkeit	Niedrig				Mittel			Hoch			
	2.9	Bezahlmodell für die Blockchain-Lösung	Free		Freemium		Fee-based			Subscription		Upfront-payment	

Abb. 4.2 BC-Anwendungsprofil mit Hilfe des morphologischen Kastens am Beispiel GoDirect Trade

Grundlage wird Hyperledger Fabric genutzt, was eine Open-Source-Anwendung darstellt (Merkmal 2.6). Es wird eine mittlere bis hohe Transaktionshäufigkeit angestrebt (Merkmal 2.8). GoTrade Direct finanziert sich durch Transaktionskosten, die bei Abschluss eines Auftrages von Honeywell erhoben werden (Merkmal 2.9).

Somit ergibt sich das in Abb. 4.2 dargestellte Lösungsprofil für Honeywells GoTrade Direct. Während dieser morphologische Kasten ex-post, d. h. nach Entwicklung der Blockchain-Anwendung erstellt wurde, kann die Methodik auch in der Design-Phase einer noch zu entwickelnden BC-Lösung Anwendung finden, um ihre wesentlichen Gestaltungsmerkmale ex-ante festzulegen. ◄

Literatur

del Castillo, M. (2020). *Honeywell Is Now Tracking $1 Billion In Boeing Parts On A Blockchain* (07. März 2020). (Blockchain-Anwenderunternehmen: Honeywell International Inc.). https://www.forbes.com/sites/michaeldelcastillo/2020/03/07/honeywell-is-now-tracking-1-billion-in-boeing-parts-on-a-blockchain/?sh=210ae3078bfe. Zugegriffen am 23.03.2021.

Vahs, D., & Brem, A. (2015). *Innovationsmanagement; Von der Idee zur erfolgreichen Vermarktung*. Schäffer-Poeschel.

Zusammenfassung und Ausblick 5

Es werden derzeit hohe Erwartungen an die Blockchain-Technologie zur Lösung ökonomischer, ökologischer und sozialer Problemstellungen gestellt, die ihren Ursprung häufig in fehlender Lieferkettentransparenz haben. Die Blockchain-Technologie weist diesbezüglich tatsächlich zahlreiche Lösungspotenziale für den Einkauf und das Supply Chain Management (SCM) auf.

Es zeigt sich jedoch auch, dass der Einsatz der Technologie trotz ihrer vielfältigen Vorteile mit Herausforderungen verbunden ist. Diese liegen aufgrund des Mangels an veröffentlichten Erfolgsgeschichten bereits in der Ideenfindung und Übertragung der BC-Technologie auf eigene Anwendungsfälle im Unternehmen. Ein Ziel dieses Buches besteht folglich darin, anhand praktischer BC-Anwendungsbeispiele eine verständliche und leicht nutzbare Informations- und Entscheidungsgrundlage zu schaffen.

In Kap. 2 wurden dazu zunächst Grundlagen für das möglichst praktische Verständnis der Blockchain-Technologie gelegt. Dazu diente auch die „Entwicklung" einer Blockchain (BC) im Rahmen eines Serious-Business-Games. Dabei wurden alle wesentlichen Merkmale der Technologie, ihr Aufbau und ihre Funktionsweise, verschiedene BC-Arten und -systeme sowie die mit der Technologie verbundenen Möglichkeiten und Grenzen beleuchtet. Einkauf und SCM wurden inhaltlich von dem eng verwandten Themenfeld der Logistik abgegrenzt und ihre wesentlichen Herausforderungen identifiziert. Die Gegenüberstellung von BC und SCM verdeutlichte die Anwendungsmöglichkeiten, aber auch die Begrenzungen der Technologie.

Die wesentliche These dieses Buches ist, dass sich aus einer Vielzahl von BC-Anwendungsfällen wiederkehrende archetypische BC-Anwendungen ableiten lassen. Diese werden auch als Anwendungsmuster bezeichnet. In Kap. 3 wurden daher zunächst die Grundlagen zur Musteridentifikation vorgestellt. Darauf aufbauend wurden Anwendungsfälle in Literatur und Internet identifiziert, verifiziert und anhand einer Merkmalsmatrix bewertet. Auf Basis dieser Rohdaten wurde eine Clusteranalyse durchgeführt und die ermittelten Cluster in Steckbriefen aggregiert dargestellt. Diese Steckbriefe repräsentieren jeweils eine eine archteypische BC-Anwendung im Bereich Einkauf und SCM. Es handelt sich dabei um die Cluster:

- Compliance Tracking und Zertifikatsmanagement
- Herkunftsnachweise und Rückverfolgbarkeit
- Blockchain-basierter Datenaustausch von 3D-Modellen
- Automatisierte Transaktionsabwicklung über Smart Contracts
- Monitoring des Produktstatus

Die entwickelten Steckbriefe schränken den Raum in Frage kommender BC-Anwendungsfälle für den Einkauf und das SCM ein. Sie liefern damit erste Antworten auf die Frage, zu welchem Zweck Einkauf und SCM sich die BC-Technologie nutzbar machen können. Hat sich jedoch eine Einkaufs- oder SCM-Abteilung dazu entschieden, die BC-Technologie für einen Anwendungsfall nutzen zu wollen, leisten die Steckbriefe nur eine geringe Hilfe bei der konkreten Ausgestaltung der BC.

Daher widmet sich Kap. 4 der praktischen Ausgestaltung einer BC-Lösung im Bereich Einkauf und Supply Chain Management in Unternehmen. Als Methode hierzu wird zunächst der morphologische Kasten eingeführt. Danach wird ein morphologischer Kasten zur Ausgestaltung konkreter Blockchain-Anwendungen für Einkauf und Supply Chain Management vorgestellt und anhand eines Beispiels angewendet.

Abschließend kann konstatiert werden, dass die BC-Technologie Teile des Einkaufs und des SCM ergänzen und verändern wird. Ob es für Einkauf und SCM sinnvoll ist, sich der BC-Technologie zu bedienen, muss im jeweiligen Unternehmenskontext individuell entschieden werden. Dieses Buch liefert erste Ansätze zu dieser Entscheidungsfindung.

Trotz des praktischen Beitrags dieses Buches verbleibt auch künftig noch Forschungs- und Entscheidungsbedarf. So stellen Steckbriefe eine Informationsgrundlage dar, die kompakt dargestellt und daher intuitiv verständlich ist. In Kombination mit den Handlungsempfehlungen unterstützen sie auch einen unternehmerischen Entscheidungsprozess und erfüllen somit ein Ziel dieser Veröffentlichung. Allerdings stellen die Steckbriefe nur eine mögliche Mustersammlung dar.

Amshoff unterscheidet (2016, S. 37) drei Arten von Mustersammlungen: Musterkataloge, Mustersysteme und die Mustersprache. Im Rahmen des Buches wurde ein Musterkatalog erarbeitet, aber noch kein Mustersystem, welches die Wechselwirkungen der einzelnen Muster zueinander untersucht. Folglich besteht Forschungsbedarf in der Analyse der Musterinterdependenzen. Weiterhin ist es erforderlich, die betrachteten Anwendungsfälle kontinuierlich zu aktualisieren, da es sich bei der BC-Technologie um ein hochdynamisches Forschungsfeld handelt. Sowohl die Anwendungsfälle als auch die BC-Systeme und ihre Protokolle entwickeln sich stetig weiter und weitere vielversprechende BC-Systeme treten in den Markt ein. Zusätzlich sollte die Anzahl untersuchter Anwendungsfälle erhöht werden, um statistische Fehler zu reduzieren.

Hinsichtlich der Beurteilung der archetypischen BC-Anwendungen ist es ratsam, verstärkt auch quantifizierbare Daten einzusetzen. Es empfiehlt sich der Einsatz von Fragebögen. Aber auch andere empirische Forschungsmethoden, wie Einzelinterviews, Experteninterviews oder Fokusgruppen, könnten neue Erkenntnisse liefern. Auch gilt es, die Beurteilungsdimensionen und -kriterien stets weiterzuentwickeln. Diese könnten bspw. um Aspekte wie SCM-relevante Elemente oder kombinierte Technologien (IoT, Cloud, AI etc.) ergänzt werden. Des Weiteren sollte die Gewichtung der einzelnen Kriterien sowie die Bewertung der einzelnen Alternativen mit Experten abgestimmt und validiert werden. Die Handlungsempfehlungen sollten idealerweise in ein größeres Vorgehensmodell integriert werden, welches es als eine Forschungsaufgabe zu erarbeiten gilt.

Literatur

Amshoff, B. (2016). *Systematik zur musterbasierten Entwicklung technologie-induzierter Geschäftsmodelle: Approach for a pattern-based design of technology-induced business models*. Heinz Nixdorf Institut, Universität Paderborn, Dissertation.

The manufacturer's authorised representative in the EU is Springer
Nature Customer Service Centre GmbH, Europaplatz 3, 69115 Heidelberg,
Germany. If you have any concerns regarding our products, please
contact ProductSafety@springernature.com

Printed and bound by CPI Group (UK) Ltd, Croydon, CR0 4YY
28/04/2026
02098481-0002